Manfred Julius Müller

Raus aus der EU

oder durchhalten bis zum Untergang?

Ist die Europäische Union noch zu retten?

© Manfred Julius Müller, Flensburg 2022
1. Auflage Juli 2011
2. Auflage August 2011
3. aktualisierte Auflage Februar 2017 (72 Seiten)
4. ergänzte Auflage Juli 2022 (144 Seiten)
Alle Rechte liegen beim Autor
Herstellung und Verlag: BoD – Books on Demand, Norderstedt
ISBN 9783743178427

Einige Worte zur Neuauflage, Februar 2017:
Die politische Landschaft hat sich verändert. Manches von dem, was 2011 noch gesagt werden musste und als provokativ galt, bedarf heute keiner besonderen Erwähnung mehr. Deshalb konnten bei der Neuauflage dieses Büchleins einige Texte entfallen und durch aktuellere Themen ersetzt werden.

Zur Neuauflage Juli 2022:
Die neue Auflage gliedert sich in zwei Teile: Der erste Teil umfasst in unveränderter Form die dritte Auflage vom Februar 2017, hier sah ich keinen inhaltlichen Änderungsbedarf. Seit der Erstauflage dieses Buches hat sich leider rein gar nichts zum Besseren gewendet: Die Grundsatzprobleme des Jahres 2011 existieren nach wie vor, einmal mehr erwies sich die EU als reformunfähig. Die Probleme haben sich lediglich verstärkt und es sind viele neue hinzugekommen. Diesen Stillstand, diese Handlungsunfähigkeit, soll der erste Teil dieses Buches dokumentieren.
Mit dem zweiten Teil erfolgt nunmehr eine ausführliche Ergänzung, die wegen neuer gravierender Ereignisse (Brexit, Euro-Billiggeldschwemme, Ukrainekrieg) erforderlich wurde. Wer nach Lektüre dieses Buches immer noch wie vernarrt an die „Europäische Idee" glaubt, wer die EU weiterhin als Garanten für „Wohlstand und Frieden" betrachtet, scheint nicht wirklich dazulernen zu wollen.
Nach wie vor stehe ich zu meinem Angebot: Sollte jemand in meinen Buchtexten eine gravierende falsche Behauptung oder eine unlogische Schlussfolgerung entdecken, so möge er mir dies bitte per Email mitteilen unter m.mueller@iworld.de. Damit ich dann in der nächsten Ausgabe eine entsprechende Korrektur vornehmen kann (bisher war das aber noch nie nötig). Auch wer mich nur kritisieren oder meine Ansichten bestätigen möchte, kann das gerne tun. Ich halte mich nicht wie manch andere für das Maß aller Dinge, lerne gerne dazu und werde, soweit es meine Zeit erlaubt, auch persönlich antworten (im Falle einer Korrespondenz bitte die Seite angeben, auf die sich bezogen wird).

Inhaltsverzeichnis Teil I (Inhaltsverzeichnis des II. Teils auf Seite 73)

Kapitel I

Das Fundament der EU bilden infame Lebenslügen

Die vermeintlichen Vorzüge der EU
... und was davon zu halten ist.

Wofür steht die Europäische Union?

„Einigkeit und Recht und Freiheit – blühender Wohlstand und Frieden"

Medien und Politik wollen uns die EU als etwas Erhabenes verkaufen, als Tor zum Glück und Garanten für Wohlstandsmehrung und ewigen Frieden. Gleichzeitig weichen sie aber jeder ehrlichen, tiefgreifenden Diskussion darüber geschickt aus. Wider besseren Wissens predigen sie trotz allen Desasters

- **„Die EU mehrt unseren Wohlstand!"**
- **„Die EU sichert uns den Frieden!"**
- **„Deutschland profitiert als Exportland ganz besonders von der EU!"**
- **„Die EU ist die einzig richtige Antwort auf die Globalisierung!"**
- **„Gerade für Deutschland erweist sich der Euro als wahrer Segen!"**
- **„Ohne EU hätten wir die Finanzkrise niemals gemeistert!"**
- **„Europa ohne EU wäre ein spannungsreicher Kontinent!"**

Das Weltbild unserer Volksvertreter scheint oft einfach und unkompliziert: Die EU erweist sich ihnen als uneingeschränkt nützlich und gut, der souveräne Nationalstaat dagegen als böse und grottenschlecht. Das gemeine Volk solle dies endlich einsehen, solle sich fügen und sich mit dem Unabwendbaren arrangieren, befinden sie.

Weil die EU ohne echte öffentliche Debatte still und heimlich erschaffen und ausgebaut wurde, haben sich Politiker und Journalisten zunehmend an diese seltsame „Schicksalsgemeinschaft" gewöhnt und sehen sie längst als unabänderliche Zwangsverpflichtung. Diese Haltung erinnert an ungeschriebene Mafia-Gesetze: Wer sich einmal der Organisation angeschlossen hat, findet keinen Weg mehr heraus – er hat sein Leben quasi der Mafia verpfändet.

Zudem stehen die maßgebenden Parteien unter Druck: Über Jahrzehnte haben sie die EU-Ideologie gefeiert und als alternativlos dargestellt, haben die entsprechenden Gesetze abgenickt und gutgeheißen. Wie würde jetzt ein Rückzieher oder eine Kehrtwende beim Wähler ankommen? Man stelle sich vor – unsere „Volksvertreter" müssten grobe Fehler und Irrtümer eingestehen! Welch ein Imageverlust für traditionsbewusste Parteien und ihre ehemaligen Galionsfiguren! Wie würde sich das auf die nächsten Wahlen auswirken? Hat etwa Hitler jemals einen Fehler eingestanden? Nein, er hat bis zum Schluss den Glauben an den Endsieg genährt.

Welchen Wert haben die anmaßenden und überheblichen Propagandasprüche?
Beinhalten die bereits zitierten, unablässig bemühten Phrasen der EU-Manager zumindest einen wahren Kern? Was ist von den einstigen Verheißungen zu erwarten, wie haben sie sich bisher in der langen EU-Geschichte bewahrheitet?

Gehen wir der Sache nach!

• Die erste Behauptung:
„Die EU mehrt unseren Wohlstand!"
Schon diese Kernaussage entbehrt jeder Grundlage! Seit 1980 befinden sich die inflationsbereinigten Nettolöhne und Renten in vielen westlichen EU-Staaten im Rückwärtsgang. Besonders deutlich entwickelte sich dieser Negativtrend im Exportwunderland Deutschland (minus 20 Prozent seit 1980). Mit dem Zoll- und Grenzabbau und dem steten Aufbau der Europäischen Union ging es den Bundesbürgern zunehmend schlechter.

Kann das alles Zufall sein? Nein, denn schon von der Logik her war dieser Abstieg vorauszusehen. Wer seine Zölle abbaut, verzichtet auf einen notwendigen Abwehrmechanismus gegen einen unlauteren Wettbewerb von außen!

Ein solch zollfreier Staat gibt sich quasi selber auf, er ist nicht mehr ausreichend geschützt vor einem importierten Vernichtungswettbewerb (Lohn-, Sozial-, Öko-, Währungsdumping). Einzige Nutznießer dieser verhängnisvollen Freihandels-Ideologie: die Global Player und exportorientierte Unternehmen. Deren Lobbyisten waren es schließlich auch, die die Politik in ihrem Sinne umgepolt haben. (Kein Wunder also, wenn die Konzerne immer mächtiger werden).

Ein Zollverzicht macht jeden Staat erpressbar: Jeder Hersteller kann fortan damit drohen, seine Produktion ins kostengünstigere Ausland zu verlagern. Die Folgen sind sinkende Löhne, verdichtete Arbeitsstrukturen (mehr Stress), sinkende Konzernsteuern und steigende Subventionen.

Ein angemessener Zoll dagegen würde diese simple Erpressungsstruktur verhindern. Denn der Zoll sorgt für Gerechtigkeit und faire Wettbewerbsbedingungen: Die Einsparungen eines Unternehmens aus der Produktionsverlagerung ins Billiglohnland würde er wieder aufzehren. Mit den Zolleinnahmen könnten die Beiträge zu den Sozialversicherungen im hohen Maße finanziert werden und dadurch die inländischen Lohnstückkosten erheblich sinken (der Zollstaat würde dadurch international konkurrenzfähiger). Übrigens: Vor 1914 (im Kaiserreich) bildeten Zölle die Haupteinnahmequelle des mächtigen Deutschen Reiches.

Aber auch aus weiteren Gründen kann eine EU-Großgemeinschaft kaum wohlstandsfördernd sein:

2. Punkt: **Mehr Bürokratie = höhere Produktionskosten.** Und da Brüssel wie am Fließband immer neue Regeln und Verfügungen erlässt, wird nicht nur die nationale Gesetzgebung zusätzlich belastet und bevormundet, auch die Unternehmen müssen die vielen Vorschriften und Auflagen erfüllen und ausbaden (was natürlich erhebliche Kosten verursacht).

3. Punkt: **Monopolisierungstrends sind zwar gut für Konzerngewinne, aber schlecht für den Verbraucher.** Ein großer Freihandelsstaat begünstigt grundsätzlich die Groß-

unternehmen, die mit einem Heer von Juristen sich leichter auf Regulierungsänderungen einstellen, besser Steuerschlupflöcher erschließen und Subventionsquellen anzapfen können. Die Konzerne (und das Großkapital) können sich zudem einflussreiche Lobbyisten und Zeitungen leisten, die Einfluss auf die Politik nehmen (auch dafür sorgen, dass Zölle und EU-Austritte weiterhin tabuisiert werden).

4. Punkt: **Subventionen unterwandern die Marktwirtschaft!** Die EU entpuppt sich als mächtige Umverteilungsorganisation: Sie nimmt Geld von den reicheren Staaten und verteilt es an ärmere Mitgliedstaaten (um einen Ausgleich zu schaffen). Sie fördert Projekte und Wirtschaftsregionen mit einem kaum überschaubaren Subventionskatalog, der oft völlig unsinnige Investitionen anstößt. <u>Subventionen bedeuten letztlich Planwirtschaft</u> und die Ausschaltung ehrlicher Marktgesetze (Rentabilitätsgrundlagen). Es erfolgt somit eine doppelte Sozialisierung: Einmal innerhalb des Staates und dann auch noch innerhalb der EU. Also Umverteilung bis zur Perversion zu Lasten der Durchschnittsverdiener.

5. Punkt: **Offene Zollgrenzen begünstigen den Warentourismus!** Wenn keine Zollgrenzen der Verschwendung Einhalt gebieten, kommt es unweigerlich zu egoistischen Umtrieben: Komplexe Produktionseinheiten wie zum Beispiel Autos werden in ihre Bestandteile zerlegt und für jedes Einzelteil der billigste Anbieter gesucht, gleich-

wohl das Endprodukt für den Konsumenten selten günstiger wird. Die Folge: Eine Unmenge an Zulieferfirmen verstreut über die ganze EU (und darüber hinaus). Also subventionierter Güterverkehr bis zum Erbrechen! Es ist absurd: Die Reallöhne sinken Jahr für Jahr, und trotzdem verdoppelt sich in regelmäßigen Abständen das Lkw-Aufkommen, wird immer mehr Strom und Mineralöl verpulvert.

•• Die zweite Behauptung:
„Die EU sichert uns den Frieden!"
Wohl kein anderes Argument erweist sich als so hohl und verlogen wie die Behauptung, die EU sichere unseren Frieden. Wer Deutschland (und anderen Staaten) unterstellt, ohne Einbindung in die EU würden wieder Kriegsgelüste aufkeimen, ist ein Narr oder er lügt bewusst. Es sollte jedem zu denken geben, wenn mit derartig infamen Unterstellungen wieder einmal die EU gerechtfertigt werden muss.

Bei der heutigen Waffentechnik Deutschland einen neuerlichen Angriffskrieg zuzutrauen, entbehrt jeder Grundlage. Seit Erfindung der Atombomben hat sich das Thema Angriffskrieg für moderne Mittelmächte sowieso erledigt, schon weil das gesamte Staatsgebiet und somit auch die gesamte Bevölkerung innerhalb weniger Minuten durch Atombomben völlig vernichtet werden könnten.

Auch die anderen maßgeblichen Kriegsfaktoren gibt es nicht mehr. Die großen Diktaturen in der EU sind Geschichte. Wir leben in einem Informationszeitalter, in der die einseitige Aufwiegelung der Bürger kaum noch gelingen kann.

Zudem gibt es immer noch die NATO. Es genügt völlig, wenn die europäischen Mächte dort verankert sind, schon dieses Bündnis lässt gegenseitige Kriegserklärungen als absurd erscheinen.

Dagegen erhöht die EU die Kriegsgefahr, die sich durch internationale Konflikte ergeben. <u>Wäre Deutschland ohne EU jemals in Afghanistan aufmarschiert?</u> Muss Deutschland tatsächlich seine Freiheit am Hindukusch verteidigen?

Was aber wird, wenn aus der EU tatsächlich einmal die Vereinigten Staaten Europas werden? Einer großen Weltmacht fällt nahezu zwangsläufig auch eine große internationale Verantwortung in den Schoß. Man bedenke einmal, in wie viele Kriege die friedliebenden USA in den letzten 100 Jahren verwickelt waren.

••• Die dritte Behauptung:
„Deutschland profitiert als Exportland ganz besonders von der EU!"
Man hält so viel Unverfrorenheit kaum für möglich: Ausgerechnet Deutschland als großer Zahlmeister der EU soll wirtschaftlich „besonders" von der EU profitieren? Welch ein Unsinn! Gewinner der EU-Egalisierungspolitik sind (wenn überhaupt) die ärmeren EU-Staaten, denen teilweise bezüglich des Lebensstandards eine Annäherung gelungen ist. Dabei sollte aber nicht übersehen werden, dass diese Staaten auch im Alleingang und ohne EU-Subventionen hätten aufsteigen können, vielleicht sogar in noch stärkerem Maße (weil eben die EU-Regulierungswut auch hier Wirtschaftskraft kostet). Gezielte Hilfen (zum Beispiel nach Art der Marshallpläne) hätten dieses selbsttragende Wachstum noch beschleunigen können (das hätte Deutschland und den anderen Geberstaaten nur einen Bruchteil der heute üblichen Summen gekostet).

Nein, nicht Deutschland oder die deutsche Bevölkerung profitiert wirtschaftlich von der EU, sondern lediglich „unsere" exportorientierten Firmen und Konzerne. Die konnten ihren Macht(Absatz)-Bereich weiter ausdehnen und wegen der abgeschafften Zölle ein Land gegen das andere ausspielen. Der Aufstieg der Global Player ging aber einher mit dem <u>Niedergang einst bedeutender Firmen und Branchen</u>. Die meisten Konsumartikel (außer der subventionierten Nahrungsmittel) können in Deutschland aus Kostengründen nicht mehr hergestellt werden (Kameras, Handys, Textilien, Fernseher, Spielzeug usw.). Damit fehlen dem Staat auch die so dringend benötigten Arbeitsplätze für Nichtakademiker, deshalb sind so viele Migranten arbeitslos.

Als Hochlohnland leidet die deutsche Bevölkerung ganz besonders unter der (dem Zollabbau geschuldeten) Lohn- und Steuerdumpingpolitik. Was hat der deutsche Arbeitnehmer von der glorreichen Expansion eines hiesigen Autokonzerns, wenn die Fertigungstiefe im Mutterland stetig abnimmt und weltweit konkurrierende Produktionsbasen entstehen?

Schon heute stammen 50 % dessen, was wir so stolz exportieren, von Zulieferern aus dem Ausland (angelieferte Fertigteile, die hierzulande nur noch zusammengeschraubt werden). Wir berauschen uns also an einer künstlich aufgeblähten Handelsbilanz.

•••• Die vierte Behauptung:
„Die EU ist die einzig richtige Antwort auf die Globalisierung!"
Ein Sammelsurium von völlig unterschiedlichen, halbsouveränen Staaten soll allen Ernstes der Herausforderung der Globalisierung besser trotzen können als ein eigenständiger Staat mit einem homogenen Binnenmarkt? Das kann doch wohl nicht sein! Könnten die Deutschen noch über sich selbst bestimmen (ohne stete Bevormundung aus Brüssel), wäre es sehr einfach, die globale Konkurrenz in Schach zu halten.

Staaten mit maßlosem Währungsdumping würde man ganz einfach mit hohen Importsteuern zur Vernunft bringen – so dass den heimischen Produzenten stets eine faire Chance zum Überleben bliebe. Die Ausrottung ganzer Branchen und die überaus schädliche Unterwanderung der Marktwirtschaft könnte dann gar nicht erst stattfinden.

••••• Die fünfte Behauptung:
„Gerade für Deutschland erweist sich der Euro als wahrer Segen!"
Dass man angesichts des sich abzeichnenden Desasters immer noch derart verlogene Sprüche klopft, bestätigt die Abgebrühtheit und Abgehobenheit der meinungsbildenden Elite.

Vor Einführung des Euro galt die DM als sicherste Währung der Welt, die dem Staat und den Unternehmen günstige Kredite bescherte. Wie erklären sich die Verantwortlichen, dass die deutsche Wirtschaft mit der DM bestens zurechtkam, weit besser als heute mit dem Euro?

•••••• Die sechste Behauptung:
„Ohne EU hätten wir die Finanzkrise niemals gemeistert!"
Noch ist gar nichts überstanden, ganz im Gegenteil: Die Verschuldung einiger EU-Staaten nahm dramatisch zu! Lediglich vorübergehend und durch abenteuerliche Tricks (Aufkauf von Staatsschulden durch die Zentralbanken, die ihr Geld selber kreieren) konnte der große Zusammenbruch verhindert werden. Die Absprachen innerhalb der EU haben zwar 2008/2009 zur Entschärfung der akuten Gefahr beigetragen, aber mit anderen wichtigen Staaten hat man sich schließlich auch arrangiert (es Bedarf also gar keiner EU, um sich international abzustimmen).

Außerdem sollte eines doch nicht verdrängt werden: Ohne EU und Globalisierung (Zollabbau) hätte es die Finanz – und Weltwirtschaftskrise gar nicht gegeben! Erst im Zuge der weltweit zerstreuten Dumpingproduktion haben die Staaten eine leichtsinnige Deregulierungspolitik betrieben und die Banken versucht, sich zunehmend international aufzustellen. Sie finanzierten Projekte in fernen Gefilden, die sie nur ungenügend prüfen oder einschätzen konnten. Wäre den deutschen Geldinstituten vor 30 Jahren jemals eingefallen, mit ausländischen dubiosen Hypothekenpa-

9

keten zu handeln oder zu jonglieren?

 Die siebente Behauptung:
„Europa ohne EU wäre ein spannungsreicher Kontinent!"
Auch diese alberne Argumentation wird bemüht, um die EU zu legitimieren.

Doch was versucht man den Europäern wieder einzureden? Traut man allen Ernstes den demokratischen EU-Staaten nicht zu, ohne Brüsseler Oberherrschaft miteinander gesittet und vernünftig umzugehen? Sind die Europäer tatsächlich streitsüchtiger, egoistischer und unzivilisierter als die Afrikaner, Südamerikaner oder Asiaten?

Will man die Europäer im heutigen Informationszeitalter immer noch gleichsetzen mit den auf gehorsam gedrillten Leibeigenen und Hungerlöhnern vergangener Epochen? Glaubt man, machtbesessene Kaiser und Diktatoren könnten auferstehen und erneut ihre Völker ins Verderben führen?

Welch ein Unsinn! Wo sollen die großen Spannungen herkommen? Vorübergehende Konflikte und Meinungsverschiedenheiten gibt es mit und ohne EU, sie sind durch die auf Konsens ausgerichtete moderne Diplomatie durchaus händelbar.

Zusätzliche Verstimmungen und aufkommende Hassgefühle werden gerade durch die ungeliebte Transferunion heraufbeschworen. Ohne EU gäbe es keinen Euro und deshalb vermutlich auch keine Eskalation der Staatsschulden in Griechenland, Irland, Portugal, Spanien und Italien. All diese Länder bräuchten sich nicht von den Deutschen gekränkt, bevormundet und ge-

maßregelt fühlen („Ihr müsst mehr sparen, die Renten senken, die Steuern erhöhen usw.").

Nein – die EU ist wahrlich kaum imstande, Spannungen zwischen den Völkern abzubauen. Erst bei Errichtung eines echten Bundesstaates könnte dies gelingen. Aber dann hätte man statt mit unbedeutenden innereuropäischen Ärgernissen und Verstimmungen mit weniger harmlosen internationalen Auseinandersetzungen zu kämpfen. Niemand sollte sich einbilden, das wäre besser.

„Die EU bewirkt doch so viel Positives!"

Gerade lese ich im Spiegel (Heft 3/2017) einen vierseitigen Lobgesang auf die EU. Dort wird auf die zigtausend Fördermaßnahmen verwiesen, die die europäische Wirtschaft stärken und Arbeitsplätze schaffen. Was leider nicht so recht erwähnt wird: Das gute Geld für diese PR-Wohltaten fiel nicht vom Himmel und stammt auch nicht von edlen Spendern, es wurde den Steuerzahlern abgeknöpft. Die Kaufkraft der Erwerbstätigen und Rentner wurde abgeschöpft (was bestimmt nicht wirtschaftsfördernd ist), um zweifelhafte Projekte (die marktwirtschaftlich meist unrentabel sind) zu subventionieren. Was also ist so toll an einem Umverteilungssystem, das auf Kosten anonymer Verlierer (nicht konkret zu benennender Steuerzahler) Wohltaten verteilt und Abhängigkeiten schafft?

Legendenbildungen

Reisen wie vor 200 Jahren?

Falschheit und Hinterlist bilden die Triebfeder der EU. Um einen Bürgernutzen vorzugaukeln, werden Nebensächlichkeiten schamlos dramatisiert und das Rad der Geschichte gedanklich um 200 Jahre zurückgedreht.

„Der EU verdanken wir die Reisefreiheit", heißt es zum Beispiel großkotzig, wobei dann salbungsvoll verwiesen wird auf das angeblich umständliche Reisen vor dem Schengener Abkommen. „Es mussten damals Visumanträge gestellt und Einladungen von Gastfamilien präsentiert werden", will man der heutigen Generation weismachen.

Welch ein Unsinn! Im allgemeinen gab es auch in den 1980er Jahren an den Grenzen keine Staus. Die meisten Autofahrer wurden durchgewunken und nur stichprobenweise mussten Pässe vorgezeigt werden. Kurz nach dem Krieg (als der Hass gegen Deutsche noch allgegenwärtig war) gestaltete sich das Prozedere zwar umständlicher, aber auch damit konnte man leben.

In den 1950er Jahren musste zum Beispiel an der deutsch-dänischen Grenze tatsächlich noch ausnahmslos jedermann seinen Ausweis vorzeigen und anschließend die Zollkontrolle passieren: Hin und wieder kam es gar zu längeren Wartezeiten. Aber diese vermeintlichen „Schikanen" wurden schnell abgebaut, auch ohne EU (bzw. EWG oder EG).

Das Schengener Abkommen ist gescheitert!

Weltfremde Politiker schüren unbegründete Ängste bezüglich eines Scheiterns des Schengener Abkommens (Wegfall der EU-Binnengrenzen). Und auch aus der Wirtschaft wird mit Schreckensszenarien vor einer vermeintlichen Katastrophe und Kostenlawine gewarnt. Als es jedoch dieses ominöse Abkommen noch nicht gab (vor 1985) ging es den meisten Schengen-Staaten besser als heute – sogar die Reallöhne und Renten waren höher. Denn Schengen erweist sich in der Praxis als überaus wirksames Lohndumpingsystem. Die Konkurrenz der Billiglohnländer in Osteuropa rückt näher, wenn lästige Grenzkontrollen und Zollabgaben entfallen. Das mussten inzwischen auch deutsche Spediteure erfahren, die sich anfangs von der Grenzöffnung so große Vorteile erhofften.

Nutznießer des Schengener Abkommens sind m. E. vorwiegend Konzerne, die Produktionsschritte günstig auslagern können, Spekulanten, die die grenzenlose „Freiheit" genießen, Steuerbetrüger, die Steueroasen nutzen oder Zölle bzw. Mehrwertsteuern einsparen, Flüchtlinge, die unkontrolliert (zuweilen mehrfach) in den Ländern ihrer Wahl Asyl beantragen, Kriminelle (Autodiebe, Menschenhändler, Einbrecher- und Diebesbanden) usw.. Dagegen fallen die lächerlichen Erleichterungen des Normalbürgers (Urlaubers oder Pendlers), der sich an der Grenze nicht mehr ausweisen muss, kaum ins Gewicht.

„Der Brexit schadet allen!"

Am 23. 6. 2016 entschieden sich 51,9 % der Briten für einen Austritt aus der EU.

„Die britische Industrieproduktion wird zusammenbrechen ..."

Auch in den deutschen Medien wird schon im Vorfeld recht einhellig vor den schlimmen Folgen des EU-Austritts Großbritanniens gewarnt. Die Prognose: Der dann von den EU-Ländern erhobene Einfuhrzoll würde britische Waren zu teuer machen. Ausländische Investoren würden daraufhin ihre Fabriken auf der Insel schließen und sie auf den europäischen Kontinent verlagern. Zwar wird beiläufig eingeräumt, Großbritannien könne eventuell ebenso wie die Schweiz Zoll-Sonderabkommen mit der EU aushandeln. Aber dies sei, so wird geargwöhnt, sehr kompliziert und brächte mancherlei Nachteile mit sich.

Die heilsamen Gegenkräfte werden ignoriert!

Doch die Prophezeiungen der EU-Fürsprecher entbehren jeder Logik. Selbst wenn es nicht zu bilateralen Zoll-Sonderabkommen kommen sollte, wäre der EU-Austritt für die britische Wirtschaft ein Segen! Denn die dann vorhandene EU-Unabhängigkeit würde ungeahnte Kräfte freisetzen. Sollten die EU-Staaten auf britische Waren ihre Zölle aufschlagen, wird die britische Regierung in gleicher Weise kontern. Importe aus der EU werden in Großbritannien dann also teurer! Das wiederum bedeutet: Die britische Industrie wird konkurrenz-

fähiger! Es würde sich dann wieder lohnen, viele Konsumartikel im eigenen Land herzustellen.

Großbritannien entzöge sich somit zumindest teilweise (je nach Höhe der Einfuhrzölle) sowohl dem innereuropäischen als auch dem globalen Lohn-, Steuer-, Sozial- und Umwelt-Dumpingwettbewerb. Was wäre falsch daran? Den Briten kann wirtschaftlich gar nichts Besseres passieren, als aus dem unfairen europäischen Pseudo-Binnenmarkt auszuscheren.

„Der Brexit schadet allen!"

Es ist schon atemberaubend, mit welcher Inbrunst und Selbstsicherheit gestandene Politiker und Journalisten behaupten, der Brexit schade ausnahmslos allen (sowohl in Großbritannien als auch in der Rest-EU). Warum sind diese „Eliten" so überzeugt davon, dass nur ein exzessiver Warenex- und Import zu Wohlstand führt? Gibt es kein Vertrauen mehr in die Leistungsfähigkeit der eigenen Volkswirtschaft?

Meint man tatsächlich, ein Staat in der Größe Großbritanniens wäre unfähig, seine TV-Geräte, Haushaltswaren, Autos, Küchengeräte, Büromaschinen, Handys, Textilien und Schuhe selbst herzustellen? Meint man, die Ausbeutung der Arbeitssklaven in den Billiglohnländern sei unabdingbar? Wie kommt man auf die Idee, auf eine hohe Exportquote, dem zollfreien Zugang zum EU-Binnenmarkt und damit automatisch auch auf weltweit 33 weitere verbindliche Freihandelsabkommen angewiesen zu sein? Etwa 70-80 Prozent des Außenhandels erweisen sich nicht nur als überflüssig, sondern auch als schädlich! **Bei einem weltweit angepassten Lohn- und Steuerniveau könnte der Welthandel auf 20 bis 30 Prozent seines heutigen Niveaus schrumpfen!**

Ob der Brexit erfolgreich verläuft, hat die britische Regierung jetzt selbst in der Hand. Nutzt sie die Chance, das Land vom innereuropäischen und globalen Lohndumping abzukoppeln? Wird sie eine Re-Industrealisierung einleiten, indem sie dem globalen Vernichtungswettbewerb über behutsam ansteigende Zölle eine Absage erteilt? Weitermachen wie bisher, alte EU-Handelsabkommen durch neue Sondervereinbarungen ersetzen, das wäre der absolut falsche Weg. Es würde in der Tat wenig bringen und die aufgestauten Probleme nicht lösen. Katastrophal wäre, wenn sich jetzt die Handlanger des Großkapitals durchsetzen und dem U.K. eine neoliberale Politik aufzwingen (Senkung der Kapitalertragssteuern, Sozialabbau usw.).

Mit einer neoliberalen Politik könnte die Kapitallobby nicht nur ihre Urinstinkte ausleben, sie würde damit auch einen Erfolg des Brexit vereiteln, den Zorn und die Enttäuschung der Briten so richtig ansacheln, die vermeintliche Nützlichkeit der EU und des Zollfreihandels unter Beweis stellen und die wachsende EU-Kritik in ganz Europa im Keim ersticken.

Hoffen wir also, dass sich die Kapitallobby diesmal nicht durchsetzt!

Wenn der EU-Austritt der Briten zum Präzedenzfall würde ...

Der Supergau für die mächtige EU-Lobby und die zigtausend hochdotierten EU-Angestellten wäre eine wirtschaftliche Wiederbelebung Großbritanniens nach erfolgtem EU-Austritt. Man stelle sich nur einmal bildlich vor, das englische Königreich würde als unabhängiger souveräner Staat die Massenarbeitslosigkeit bezwingen und das Staatsdefizit abbauen. Und die inflationsbereinigten Nettolöhne und Renten würden nach einer über 30jährigen Periode des schleichenden Niederganges auf einmal wieder spürbar anziehen. Wie will man die Kontinental-Europäer dann noch bei der Stange halten?

Wie will man sie dazu bringen, die EU und den geheiligten „Europäischen Binnenmarkt" (den es in Wahrheit gar nicht gibt), weiterhin als Voraussetzung für den Wohlstand anzuerkennen? Das ganze Kartenhaus der Lügen und Propaganda würde in sich zusammenfallen und andere stressgeplagte EU-Völker würden dem britischen Beispiel folgen wollen. So könnte der EU-Austritt Großbritanniens das Ende der Europäischen Union einleiten. Die Profiteure der EU (allen voran die 40.000 EU-Bürokraten) müssten um ihre Pfründe bangen. Eine schreckliche Vorstellung für die Betroffenen – aber ein Segen für alle aufrechten Europäer, denen es wirklich um das Wohl der Menschen geht.

13

Der verhängnisvolle Anti-Zoll-Fanatismus

Über Generationen hinweg haben Zölle gute Dienste geleistet – dem Staat notwendige Einnahmen beschert und die heimische Wirtschaft vor ausländischen Preisbrechern geschützt.

Doch seit gut 40 Jahren wird die Notwendigkeit von Zöllen geleugnet und eine engstirnige Freihandelsphilosophie propagiert. „Nur der zollfreie Handel kann uns den Wohlstand und Fortschritt garantieren", heißt es heute wider besseres Wissen.

Panikmache
und absurde Unterstellungen

Den EU-Gegnern wird gerne unterstellt, sie wollten quasi über Nacht Einfuhrzölle von 50 oder gar 100 Prozent erheben, wo doch Deutschland ganz besonders vom Export profitiert. Aber dieser Vorwurf ist lächerlich! Niemand erwägt derart radikale Maßnahmen. Dass Importzölle schrittweise aufgebaut werden müssen, damit sich deutsche und ausländische Volkswirtschaften darauf einstellen können, ist allen Experten sonnenklar.

Es mag ja sein, dass im Laufe der Jahre und Jahrzehnte Deutschland in dem einen oder anderen Sektor Marktanteile verliert, wenn das Ausland auf unsere Zollanhebungen mit Gegenmaßnahmen reagiert. Aber dafür entwickeln sich auch neue Wettbewerbschancen in den einst untergegangenen Branchen.

Selbst in unserer Autoindustrie ist der Export nicht das Maß aller Dinge. Denn um die Kosten in den Griff zu bekommen, haben deutsche Autobauer in der Vergangenheit zunehmend auf ausländische Zulieferer gesetzt. Trotz wachsender Exportvolumen schwindet also der Anteil deutscher Wertschöpfung.

Dieser Prozess würde sich durch den Zoll-Protektionismus wieder umkehren und zudem würden im Stammland mehr deutsche Autos abgesetzt. Ein Arbeitsplatzabbau gilt daher in der Automobilbranche selbst bei sinkenden Exportzahlen als eher unwahrscheinlich, während die Schaffung neuer Jobs in den Bereichen Elektronik, Computer, Handys usw. als gesichert anzunehmen ist.

Protektionismus-Schmierenkomödie

Hat man den Protekionismus durch den Zollabbau besiegt? Mitnichten. Der ehrliche Zoll-Protektionismus wurde lediglich ersetzt durch den hinterlistigen Währungsdumping- und Subventionsprotektionismus (und andere Tricksereien). Alle, die mit Schaum vorm Mund dem Protektionismus „den Kampf ansagen", täuschen die Öffentlichkeit.

Sie tun es auch, wenn sie in diesem Zusammenhang ständig das Gespenst der Abschottung an die Wand malen. Wenn man über Zölle für mehr Gerechtigkeit und Chancengleichheit sorgt und sich der künstlich aufgeblähte Außenhandel infolge dessen halbiert, kann von einer Abschottung nicht die Rede sein.

Kapitel II

Bürokratie statt Demokatie

Warum findet die EU-Oberherrschaft
in der Bevölkerung so wenig Anklang?

Demokratie? Das war gestern!

Anonymer Bürokratismus statt Demokratie?

Was die Demokratie angeht, bescheinigen selbst EU-Fürsprecher der EU Defizite. Doch es geht hier nicht um „Defizite" – das Wort Demokratie ist bezüglich der EU meines Erachtens völlig unangebracht und fast ebenso heuchlerisch wie bei der ehemaligen DDR.

Wie kann man es wagen, von Demokratie zu sprechen, wenn kein EU-Normalbürger die komplexen Strukturen der EU-Legislative durchschauen kann? Wer soll sich auskennen bei den vielen Entscheidungsgremien? Wer sind die Verantwortlichen dieser gigantischen Vorschriftenfabrik?

Mittlerweile umfasst die aktuelle EU-Vorschriftensammlung ca. 160 000 Seiten mit 65 Millionen Worten. Ein gebildeter Mensch benötigt etwa 10 Jahre, um dieses Machwerk auch nur ein einziges Mal durchzulesen. Jede Nichtigkeit wird dort penibel geregelt und drangsaliert den Bürger. Selbst Unternehmer werden mit überflüssigen Regeln zugemüllt, was die Kosten für Dienstleistungen und Produktionen allgemein in die Höhe treibt (die internationale Konkurrenzfähigkeit schwächt und Arbeitsplätze vernichtet).

Die politische Entmündigung der Bürger

Warum meint Brüssel, sich in alle Dinge einmischen zu müssen, wo man es nicht einmal vermag, Maße und Gewichte zu vereinheitlichen? Warum muss die EU zum Beispiel vorschreiben, welche Baustoffe verarbeitet und welche Glühbirnen verwendet werden dürfen? Es scheint, als sei der aufgeblähte Beamtenapparat (40.000 Beschäftigte) auf ständiger Suche nach Selbstbestätigung. Oder sind die Bürokraten bereits einem Machtrausch verfallen? Wie wichtig muss sich jemand vorkommen, der einen ganzen Kontinent nach seiner Pfeife tanzen lässt! Es muss ein erhabenes Gefühl sein, sich Verordnungen aushecken zu dürfen, die dann 450 Millionen Menschen einhalten müssen.

Viele EU-Sympathisanten sehen ihre Union als Inbegriff der Freiheit, bloß weil sie beim Passieren der Grenzen innerhalb des Schengener Abkommens nicht mehr ihren Ausweis vorzeigen müssen. Dabei merken sie nicht, wie einengend das antiliberale Vorschriftenwerk der EU ansonsten wirkt! Die freiheitlichen Rechte der Bürger wurden im Namen der Umerziehung Schritt für Schritt eingeschränkt und selbst von der Demokratie blieb kaum etwas übrig.

Wer ist verantwortlich?

Inzwischen sind etwa 80 Prozent aller gültigen Gesetze in Deutschland auf die EU zurückzuführen. Dabei kann der Bürger immer noch kaum ausmachen, wer für diese Paragrafenreiterei verantwortlich zeichnet. Die EU-Bürokraten berufen sich darauf, dass letztlich die nationalen Parlamente es sind, die die neuen Gesetze absegnen.

Und die nationalen Regierungen erklären wiederum, sich gegen Brüssel nicht durchsetzen zu können.

Mittlerweile sind wir Europäer also Gefangene eines anonymen Bürokratismus, der nicht mehr zu bremsen ist und deren Urheber unantastbar im Verborgenen schalten und walten. In einer Diktatur fände man immerhin noch Gesichter, die Verantwortung tragen. Im Zeitalter der EU bleibt das meiste undurchschaubar und unpersönlich. Offensichtlich will man an diesem bequemen Zustand auch nicht das Geringste ändern (sonst hätte man in den letzten Jahrzehnten bereits entsprechende Initiativen ergriffen).

Brüssel herrscht ohne großes Aufsehen, per Verfahren und nicht per Befehl. Gleichwohl es über keine echte demokratische Legitimation verfügt und keine Gewaltenteilung kennt. Verhandelt wird unter Ausschluss der Öffentlichkeit und es bedarf keiner großen Phantasie um sich auszumalen, welch entscheidende Rolle Lobbyisten bei dieser Geheimniskrämerei spielen können.

Warum ist meine Stimme weniger wert?

Jedes EU-Land stellt einen der 27 EU-Kommissare. Ein kleines Land wie Luxemburg mit seinen 490.000 Einwohnern hat in diesem Gremium also das gleiche Gewicht wie Deutschland mit einer 168fachen Bevölkerung. Auch in anderen wichtigen EU-Organen erfolgt die Stimmengewichtung der Mitgliedstaaten nicht proportional ihrer Einwohnerzahl. Im Europäischen Parlament verfügt Deutschland über 96 Sitze, Luxemburg über 6. Würden alle Europäer gleich gewichtet, ständen Deutschland also 1008 statt 96 Sitze im EP zu.

Wie kann man sich ein solch undemokratisches System überhaupt aushecken, wie konnten deutsche Politiker es absegnen? Mit welchem Recht werden die Bürger der größeren Staaten abgewertet? Haben tatsächlich Politiker so große Angst davor, als Anti-Europäer verleumdet zu werden, die sich „gegen den europäischen Geist" wenden?

Wen wundert es, dass bei einer derart unfairen Sitzverteilung sich nur eine Minderheit an den Europawahlen beteiligt? Es gab bei diesen „Wahlen" lange Zeit ja nicht einmal eine echte Opposition, die als Alternative zur herrschenden Klasse auftrat. Egal was der Bürger ankreuzte, er bekam immer diese antidemokratische EU, auch wenn er sie gar nicht wollte!

Das Auswahlverfahren ähnelte einer Einheitsliste nach sowjetischem Muster. Erst allmählich formiert sich zu den etablierten Pro-EU-Parteien eine Opposition, die aber mit allen Mitteln bekämpft und als rechtsradikal und populistisch verunglimpft wird. Auch in den Medien. Haben die EU-Lobbyisten es nötig, mit hasserfüllter Hetzpropaganda ihre Pfründe zu verteidigen? Müssen sie fürchten, dass bei einer neutralen Debatte und fairen Wahlen die EU genauso scheitert wie einst der Kommunismus? Weil die EU-Ideologie kaum weniger verlogen und weltfremd ist wie die marxistische Heilslehre?

Wie weit ist das heutige Deutschland von einer Diktatur entfernt?

Im April 1933 setzte Hitler sein berüchtigtes Ermächtigungsgesetz durch, das seiner Regierung ermöglichte, ohne Zustimmung des Reichstages und Reichsrats Gesetze zu verabschieden. Damit war die Demokratie endgültig beseitigt.

Und wie ist es heute um unsere Demokratie bestellt? Heute gibt es zwar kein Ermächtigungsgesetz, aber es gibt dafür andere Gestaltungs- und Durchsetzungsmöglichkeiten. Heute beruft man sich einfach auf das Grundgesetz! Aber nicht etwa auf ganz konkrete Passagen, sondern schwammig auf den „Geist des Grundgesetzes". Dieser „Geist" ist nicht schlüssig definierbar – dafür ist das Grundgesetz zu komplex und widersprüchlich. Die endgültige Interpretation des Grundgesetzes übernehmen im Streitfall 16 Verfassungsrichter, die von einem Gremium des Bundestages bzw. des Bundesrates berufen wurden (wobei Parteiinteressen eine Rolle spielten). Insofern braucht eine Regierung heute in vielen Fällen keine neuen Gesetze beschließen – es genügt, sich einfach auf den „Geist" des Grundgesetzes zu berufen und energisch zu behaupten, dies sei doch alles ganz eindeutig.

So heißt es dann lapidar: „Jeder hat das Recht, in Deutschland Asyl zu beantragen!" oder „Das Grundgesetz kenne keine Obergrenze!". Was im Klartext nichts anderes bedeutet, als dass unser Staat notfalls auch 300 Millionen arabische und afrikanische Flüchtlinge aufnehmen und versorgen muss. Die „eigenen" Verfassungsrichter werden einen bei einer solchen Analyse schon nicht in den Rücken fallen. Falls aber doch, zieht sich die juristische Auseinandersetzung über Jahre hin. Am Ende sind längst unumkehrbare Fakten geschaffen.

Unter Berufung auf unsere Verfassung lässt sich heute nahezu alles durchsetzen!

Zum Beispiel auch, was die Festlegung des Existenzminimums von Sozialhilfeempfängern oder Asylanten betrifft. Ob der Staat die Belastungen überhaupt schultern kann, hat die Verfassungsrichter kaum zu interessieren. Die Interpretation der Menschenwürde führt dazu, dass einer in Deutschland lebenden Hartz-IV-Familie ein Lebensstandard verbrieft wird, wovon viele gutsituierte Doppelverdienerhaushalte in Polen oder Ungarn nur träumen können. Ich möchte hier bestimmt nicht alles schlechtreden und unserer Regierung oder unseren Verfassungsrichtern Boshaftigkeit oder Verrat am Volk unterstellen.

Ich möchte vielmehr ins Bewusstsein rücken, wie sehr doch die ständige Berufung auf den „Geist unserer Verfassung" unsere Demokratie unterwandert. Kanzler/

Kanzlerinnen und Regierung haben (nach meiner Auffassung) damit eine Art Freibrief, sie können vorbei am Volk regieren (Einführung des Euro, die Entnationalisierung Deutschlands, Interpretation des Asylrechts und der Menschenwürde, Festlegung des Existenzminimums, die Energiewende, Aussetzung des Dublin-Abkommens, Euro-Rettungspakete, Billiggeldschwemme, Aufkauf von Staatsanleihen durch die EZB, Militäreinsätze in fernen Erdteilen usw.). Das Volk ist weitgehend ohnmächtig, weil es die Rechtmäßigkeit der Entscheidungen nicht beurteilen kann (damit sind ja sogar die hochrangigen Bundesjuristen oft überfordert).

Und das Verwirrspiel geht ja noch weiter! Die Regierung braucht nicht unbedingt den „Geist" des Grundgesetzes bemühen. Sollten die Verfassungsrichter einmal nachträglich nicht das gewünschte Okay geben, kann der Europäische Gerichtshof eingeschaltet werden. Und auch auf internationale Abkommen darf man sich bei Bedarf berufen (zum Beispiel auf die Genfer Flüchtlingskonvention). Die juristischen Verflechtungen scheinen mir derart verschlungen, dass das Bürgertum nahezu machtlos zusehen muss, was die Regierung beschließt.

Auf einen weiteren Aspekt möchte ich in dieser Sache aufmerksam machen: Das Grundgesetz oder internationale Abkommen begreifen die meisten Bundesbürger als unantastbare, übergeordnete, moralische Instanz. Was darin steht, wird schon richtig sein – so die weitläufige (anerzogene) Wahrnehmung. Bei Hitlers Ermächtigungsgesetz war den Leuten hingegen klar, dass sie fortan in einer Diktatur leben mussten und dass der Propaganda der Machthaber nicht zu trauen war.

In der Instrumentalisierung des Grundgesetzes in Verknüpfung mit übergeordneten EU-Gesetzen und internationalen Abkommen erkennen die meisten Menschen leider keine Aushöhlung demokratischer Werte. Sie spüren nicht, wie der Rechtsstaat westlicher Prägung mehr und mehr zum unberechenbaren, unbezahlbaren, demokratiefernen Rechtsmittelstaat mutiert. Es wäre schön, wenn über dieses Grundsatzproblem sachlich nachgedacht und debattiert würde.

Es ist mehr als auffällig:

Wer in Deutschland den Euro, die EU oder auch die Globalisierung (den Zollabbau) kritisiert, hat keine Freunde mehr und wird von allen Seiten bekämpft. Eine alternative Politik darf es offenbar nach dem Willen der dominanten Konzern- und Kapitallobby nicht geben. Ist das die Demokratie und Pressefreiheit, die wir uns wünschen und die dem Bürgerinteresse dient?

Triumph des Irrsinns!

Wer kann die EU noch verstehen, wer kann sie bändigen? Es ist schlimmer als im Märchen bei Dornröschen: Das Herz der europäischen Schaltzentrale schlägt unantastbar und nahezu unsichtbar hinter einem kilometerbreiten Dornengestrüpp aus Verfügungen und Rechtsakten. Die Machtbasis hat sich immer wieder, einer Hydra gleich, aufgeteilt und vervielfacht in unzählige Organisationen und Unterabteilungen, so dass kein Normalsterblicher dieses Dikkicht durchschauen kann. Wann kommt der edle Prinz, der die schlafende Demokratie wachküsst und Europa vom Joch der unsichtbaren Peiniger befreit?

Die EU leidet unter einem ständigen Helfersyndrom. Sie will paranoid nur „Gutes" tun. Fördern, fördern und nochmals fördern. Doch leider fällt auch im EU-Schlaraffenland das Geld nicht vom Himmel, es wird nicht vom lieben Gott gespendet, sondern es muss hart erarbeitet und anderen abgeknöpft werden.

Die EU ist zu einer nahezu unkontrollierbaren Umverteilungsmaschinerie verkommen, die wie ein Elefant im Porzellanladen wütet. Was vorne aufgebaut und gefördert wird, wird mit dem Hintern wieder umgestoßen. Wer kann da noch den Nutzen der vielen Einrichtungen, Gesetze und Subventionen beurteilen und nachvollziehen. Wie sollen Rückschlüsse gezogen und Erfahrungswerte aufgebaut werden, wenn an 1000 Stellschrauben gleichzeitig herumgefummelt wird? So bleibt uns bestenfalls ein Gesamtresümee, eine Beurteilung aus der Vogelperspektive: **In den ehemaligen Hochlohnländern geht es ständig bergab, während die Billiglohnländer nur mühsam und mit viel Geld aufgepäppelt werden können.**

Der gesamte Kontinent wird letztlich durch die EU-Bürokratie gelähmt, Subventionierung und Vorschriften verhindern eine effiziente, natürliche Marktwirtschaft und die Demokratie scheitert auf allen Ebenen.

Die Zielvorgaben der EU erinnern erschreckend an die sowjetische Planwirtschaft. Auch die Sowjets träumten davon, die ganze Welt beglücken und den Kapitalismus besiegen zu können.

Eine Zustimmung der deutschen Bevölkerung zur europäischen Vereinigung hat es zu keinem Zeitpunkt gegeben!

Auf dem Weg zur Einheit?

Stationen der nationalen Selbstentmachtung

Was so harmlos begann, entglitt mehr und mehr demokratischer Kontrolle und politischer Vernunft.

18. 4. 1951: Unterzeichnung des Vertrages zur Montanunion (EGKS) durch Belgien, Deutschland, Frankreich, Italien, Luxemburg und die Niederlande.

1955 wurde beschlossen, die nur für Kohle und Stahl geltende Integration auf alle Wirtschaftsbereiche auszudehnen.

Am 1. 1. 1958 traten die Römischen Verträge in Kraft, es entstand die EWG (Europäische Wirtschaftsgemeinschaft). Ziel war die Schaffung eines gemeinsamen Marktes und die Angleichung der Wirtschaftspolitik der sechs Staaten. Gleichzeitig wurde Euratom (Europäische Atomgemeinschaft) gegründet, die Montanunion blieb bestehen. Verantwortlich für alle drei Organisationen ist die Parlamentarische Versammlung (heute: Europäisches Parlament) und der Gerichtshof.

1. 7. 1967: Der Fusionsvertrag tritt in Kraft: Die drei europäischen Gemeinschaften EWG, Montanunion und Euratom erhalten einen gemeinsamen Rat und eine gemeinsame Kommission.

1973: Dänemark, Großbritannien und Irland werden Mitglieder der EWG.
1981 stößt auch Griechenland hinzu.
1986 werden Portugal und Spanien in die EWG aufgenommen.

1. 7. 1987: Die einheitliche Europäische Akte tritt in Kraft. Erneute Erweiterung der Kompetenzen und der Ziele der Gemeinschaft.

Ab 1. 11. 1993 gilt der EU-Vertrag (Vertrag von Maastricht). Aus der EWG wird die EG (Europäische Gemeinschaft). Der Vertrag bildet die Grundlage für die Europäische Wirtschafts- und Währungsunion, für eine gemeinsame Außen- und Sicherheitspolitik und für eine Zusammenarbeit in den Bereichen Justiz und Inneres.

Am 26. 3. 1995 tritt Schengen II in Kraft (Verzicht der Grenzkontrollen der teilnehmenden Länder. Konzentration auf den Schutz der Außengrenzen des Schengen-Raumes).

1995 treten Schweden und Finnland der EG bei.

1. 1. 1999: Einführung des Euro. Die eigentliche fühlbare Umstellung erfolgt allerdings erst zum 1. 1. 2002 mit der Einführung des Euro-Bargelds.

1. 5. 1999: Inkrafttreten des Vertrages von Amsterdam: Weitere nationale Rechte und Vollmachten werden auf die Gemeinschaft übertragen.

Seit dem 1. 2. 2003 gilt der Vertrag von Nizza. Er beinhaltet Reformen, die wegen der bevorstehenden Erweiterung der Gemeinschaft von 16 auf 25 Staaten notwendig scheinen (um die Handlungsfähigkeit zu wahren).

1. 5. 2004 : Neun ehemalige Ostblockstaaten sowie Zypern werden in die EU aufgenommen.

Am 1. 12. 2009 Inkrafttreten des Vertrages von Lissabon. Reform des EU- und EG-Vertrages, enthält wesentliche Elemente der per Referendum in Frankreich und den Niederlanden gescheiterten EU-Verfassung. Erstmalige Regelung eines EU-Austritts.

Juni 2016: Die Briten entscheiden sich in einem Referendum für den Austritt aus der EU (Brexit).

Auch ohne Euro war die EU schon immer eine Transferunion

Schon immer fand innerhalb der EU eine gigantische Umverteilung statt. Deutschland war von Anbeginn der größte Nettozahler, während Griechenland stets viel mehr herausbekam als es einzahlte. (Angaben in Milliarden Euro)

Nettozahler	2009	2020	Nettoempfänger	2009	2020
Deutschland	6,4	15,5	Polen	6,3	13,2
Großbritannien	1,9	10,3	Griechenland	3,1	5,8
Frankreich	5,9	7,8	Rumänien	1,7	4,9
Italien	5,1	4,7	Ungarn	2,7	4,9
Niederlande		3,1	Belgien		4,4
Österreich	0,4	1,4	Tschechien	1,7	3,5
Schweden		1,9	Portugal	2,2	3,3
Finnland	0,5	0,8	Kroatien		2,2
Irland	0,1	0,1	Litauen	1,5	2,1
Belgien	1,6		Luxemburg		2,1
Dänemark	1,0		Spanien	1,2	1,8
			Bulgarien	0,6	1,6
			Solowakei	0,5	1,7
			Lettland	0,5	1,0
			Estland	0,6	0,8

Bekämen die Briten nicht seit 25 Jahren einen „Rabatt", müssten sie in etwa so viel zahlen wie Frankreich. Trotz Aufbau Ost war Deutschland schon immer größter Nettozahler.

Pauschal umgerechnet wurde 2009 eine vierköpfige Familie in Litauen mit 1600 Euro unterstützt (das entspricht dort etwa vier Monatsgehältern).

Sinnestäuschungen beim Lebensstandard

Bezüglich der doppelten Umverteilung (innerhalb des nationalen Sozialstaates und zusätzlich noch über die Transferleistungen innerhalb der EU) meinen viele Gutmenschen, dies sei gerechtfertigt, denn vielen anderen Staaten gehe es doch schlechter als uns.

Dabei wird aber übersehen, dass das offizielle BIP pro Kopf keine echte Aufrechnung der Kaufkraft zulässt und selbst Vergleiche nach Kaufkraftparitäten wenig aussagekräftig sind. Nimmt man einmal Polen als Beispiel, so kamen dort Mieter in den Genuss, ihre staatliche Wohnung nach der Wende zu einem symbolischen Preis von zehn Zloty aufzukaufen (obgleich sie einen Marktwert von vielleicht 80.000 Euro hatten). Dadurch wohnen vermeintlich „arme" Polen heute mietfrei (und sind vermögend). Ebensowenig wird berücksichtigt, dass in Polen auch heute noch auf allen Ebenen Bestechungsgelder fließen, die das Normalgehalt aufbessern.

„Eine Einigung gibt es nicht, es sei denn, Deutschland zahlt!"

Kapitel III

Wer sind wir?

Lässt sich der angestammte Patriotismus so einfach austauschen –
gegen ein europäisches Nationalbewusstsein?

Es fügt sich, was zusammengehört ...

„Es wird schon ...“

Größenwahn ist keine Erfindung der Neuzeit oder Adolf Hitlers. Schon Alexander der Große wollte die Welt vereinen (bzw. unterjochen), die Römer suchten ihr Heil im Imperium Romanum, die Sowjets in der UdSSR und ihren Satellitenstaaten.

Wer die negativen Beispiele rigoros ignoriert und sich allein die USA als Vorbild für die EU ausguckt, vergleicht Äpfel mit Birnen. Denn im Falle der USA gab es keine über Jahrtausende gewachsenen Kulturen, Sprachen und Staaten. In den USA wurden in rücksichtsloser Manier die Ureinwohner vernichtet oder verdrängt und die „eroberten“ Gebiete von den Einwanderern vereinnahmt. Das ist dann wohl doch etwas ganz anderes.

Von den Indianerstämmen einmal abgesehen, gab es im dünnbesiedelten Nordamerika kein großes Volk, das unterjocht und kein Nationalstolz, der gebrochen werden musste. Keine gefestigten Staaten, Religionen und Kulturen mussten angepasst, keine Traditionen und Muttersprachen unterdrückt werden. Es genügte, sich als Einwanderer dem Status quo anzupassen und die zahlenmäßig weit unterlegenen Störenfriede (Ureinwohner) zu eliminieren oder in Reservate einzusperren. Die USA waren also weitgehend ein Neuanfang – quasi aus dem Nichts entstanden.

Aus einem verklärten USA-Bild entwickelte sich vermutlich der Traum von der Vereinigung Europas. Unbekümmert aller Unterschiede zur Geschichte Nordamerikas versucht man in Europa eine Zwangsvereinigung, die aber den Wünschen und Gefühlen der meisten Europäer widerspricht.

Dabei gibt es eigentlich keine plausiblen Gründe, diese waghalsige Umformung zu riskieren. Es scheint sich hier vielmehr die Schnapsidee einiger politischer Wichtigtuer oder Visionäre zu verselbständigen, die so furchtbar gerne als Gründerväter der Vereinigten Staaten von Europa in die Annalen der Geschichte eingehen würden. In einem Anflug von schwärmerischer Gefühlsduselei sollen sich alle Europäer nach den Schrecken des 2. Weltkrieges wieder so richtig lieb haben.

„Aber wir Europäer haben doch alle eine gemeinsame Geschichte!“

Auch diejenigen, die auf unsere historische Wurzeln verweisen, machen sich und anderen etwas vor. Europa hat sich in seiner vieltausendjährigen Vergangenheit sehr unterschiedlich entwickelt – und längst nicht alle Europäer stammen von den Griechen ab. Die historisch belegte bunte Völkervielfalt zu leugnen und eine Art Wiedervereinigung vorzugaukeln, halte ich für gefährlich und schamlos. Warum dürfen wir den traditionsreichen Völkern und Rassen keinen Respekt zollen, warum sollen wir ihnen ihre Existenzberechtigung absprechen? Warum soll alles aufgehen in einem undefinierbaren und ungewissen Multi-Kulti-Mix? Die alten Nationen lösen sich allmählich auf und heraus kommt die neue Weltmacht, der moderne EU-Mensch?

Jugoslawien ist gescheitert, aber Europa soll gelingen ...

Es ist schon kurios: Da schafft es nicht einmal das alte Jugoslawien, seine Völker in einem Staat dauerhaft zu vereinen und trotzdem meint man immer noch, der weit komplexere Vielvölkerstaat Europa fände Akzeptanz und wäre machbar. Woher nehmen die Traumtänzer bloß ihre Selbstsicherheit? Warum soll im Großen gelingen, was nicht einmal im kleinen Kreise funktioniert?

„Ein Volk, ein Reich, ein Euro ...“

Die Briten verzichteten seinerzeit wohlweislich auf die europäische Einheitswährung und lästerten schon vor 20 Jahren „Ein Volk, ein Reich, ein Euro!“. Hatten unsere Euro-Verantwortlichen damals noch ge-

hofft und prophezeit, Großbritannien würde zu einem späteren Zeitpunkt doch noch den Euro übernehmen <u>müssen</u>, so weiß man heute, dass daraus wohl nichts werden dürfte.

Insgeheim überlegen viele Euro-Staaten inzwischen, wie sie am besten aus der Nummer wieder herauskommen. Jetzt erkennen sie, dass die Spielverderber von einst nicht die Dummen und Phantasielosen, sondern die klugen Realisten waren.

„Ein Volk, ein Reich, eine Amtssprache ...“

Wie um alles in der Welt soll sich ein Vielsprachenstaat „zusammenfügen“. 23 Amtssprachen sind schwerlich unter einen Hut zu bringen. Wer entscheidet, welche Sprachen als erste dem Vereinigungsprozess geopfert werden? Langfristig ist ein Bundesstaat mit mehr als vier Amtssprachen kaum händelbar.

Hat sich nicht unsere Nationalhymne längst überholt, wo wir doch voll auf die EU setzen?

„Einigkeit und Recht und Freiheit
für das ~~deutsche~~ europäische Vaterland!
Danach lasst uns alle streben
brüderlich mit Herz und Hand!“

Identitätskrise – warum entwickelt sich kein europäisches Nationalbewusstsein?

Schon der Volksmund weiß, man kann nicht zwei Herren gleichzeitig dienen. So ist es auch kein Wunder, wenn Europäer arge Schwierigkeiten haben, sich mit der EU zu identifizieren. Ein europäisches Wir-Gefühl wäre schließlich verbunden mit dem Verlust des bisherigen Nationalstolzes. Durch die über Jahrhunderte und Jahrtausende gewachsene Tradition fühlt sich ein Pole zunächst einmal als Pole, der Franzose als Franzose und der Deutsche halt als Deutscher. Dies scheint mir eigentlich ein ganz natürlicher Vorgang.

Wie stark sich ein Nationalstolz entwickelt und behauptet, kann anschaulich an der polnischen Geschichte abgelesen werden. Zweimal war das Land über Jahrzehnte von der Landkarte verschwunden – dem stark verwurzelten Nationalbewusstsein verdankt Polen seine wiederholte Auferstehung. Wäre die Vaterlandsliebe nicht derart ausgeprägt gewesen, wären die Polen im Land ihrer Eroberer aufgegangen.

Es gibt innerhalb der EU nur ein großes Land, in dem sich das Nationalbewusstsein spürbar zurückgebildet hat – und dieses Land heißt Deutschland. Die Gräueltaten des Hitlerregimes und die verlorenen beiden Weltkriege haben hier einen Sonderfall geschaffen. Dabei wurde diese „Entnationalisierung" von vielen Politikern, den Medien und selbst im schulischen Unterricht stark unterstützt.

Geschickt wurde die vermeintliche Kollektivschuld der Deutschen immer wieder herausgestellt. Nicht selten fielen Sätze wie „Wer sich nicht schämt ein Deutscher zu sein, der ist rechtsradikal". Es drängt sich bisweilen der Verdacht auf, in Deutschland sei ganz bewusst jegliches Nationalgefühl geächtet worden, um die Idee der europäischen Union schneller voranzubringen.

Es galt als schick, liberal und weltoffen, vielleicht auch als Sühneritual, die eigenen Landsleute immer wieder an ihre schaurige Vergangenheit zu erinnern, die Verbrechen ihrer Vorfahren aufleben zu lassen und so zu tun, als seien fast alle Deutschen die Nachkommen verachtenswerter Unmenschen. Die Manie vom Multi-Kulti-Staat kam nicht von ungefähr, sie steht im Zusammenhang mit der antinationalen Bewegung.

Andererseits kann man auch nicht ausschließen, dass maßgeblich Verantwortliche bezüglich der Entnationalisierung ein hinterlistiges, revanchistisches Konzept verfolgten. Denn wie könnte man die Ergebnisse der beiden Weltkriege besser tilgen als durch ein vereinigtes Europa? Wenn sich tatsächlich eines Tages ein europäischer Einheitsstaat bildet, wären ehemalige Gebietsverluste irrelevant. Durch die Hintertür hätte man alle Schmach überwunden und das den Deutschen anhaftende Kainsmal würde mit der Zeit verblassen. Ganz ein-

fach, weil es keine Deutschen mehr gibt –
eben nur noch Europäer. Zwar wird man
dann noch von einer deutschen Provinz
sprechen, aber deren Bevölkerung hätte sich
im Laufe der Zeit durch die Wanderbewegungen derart vermengt, dass echte Deutsche kaum mehr auszumachen wären.

Andere europäische Nationalitäten scheinen sich allmählich dieses Hintergrundes
bewusst zu werden. Sie sträuben sich hartnäckig, ihren eigenen Nationalstolz zugunsten der europäischen Idee zu opfern.

**Warum haben die Menschen
solche Schwierigkeiten
mit der europäischen Identität?**

Nicht nur Geschichte und Tradition, auch
das Ansehen und das Wertgefühl einer neu-
en Gemeinschaft bestimmen deren Akzeptanz. Wer will schon gerne einer schlech-
ten Sache dienen oder sich mit ihr identifizieren?

Die EU steht für übergeordnete Bürokratie, Bevormundung, Oberherrschaft,
teure Subventionierungen und Transferleistungen, also allgemeine Egalisierung und
Gleichmacherei. Diese realen Negativerfah-
rungen werden übertüncht von der unab-
lässigen Propaganda, die uns glauben machen will, wir Europäer verdanken unseren Wohlstand und den Frieden maßgeblich der EU. Doch diese plumpe Verdrängungsrhetorik verfängt nur bei naiven Ge-
mütern. Wer kritisch zu denken gelernt hat,
fühlt sich von der unverschämten Phrasen-
drescherei veralbert.

**Niemand will sagen,
was aus der EU werden soll!**

Also weiß auch kein Europäer, worauf er
sich einstellen bzw. womit er sich letztlich
identifizieren soll. Erwartet man tatsächlich, dass der Pole, Brite oder Italiener angesichts der langen, ruhmreichen Historie
seines Heimatlandes seinen alten Nationalstolz aufgibt und ihn überträgt auf einen
unbekannten Utopiestaat?

Ein solcher Gesinnungswandel wäre nur
denkbar, wenn tatsächlich alle nationalen
Bindungen gekappt werden. Das heißt also
weitgehende Auflösung der bestehenden
Nationalstaaten und Gründung eines europäischen Superstaates mit einer für alle
verantwortlichen Zentralregierung – mit
einheitlichen Gesetzen, Steuern, Löhnen.
Gäbe es nur noch eine gesetzgeberisch unbedeutende französische, britische, polnische, deutsche oder italienische Provinz,
könnten tatsächlich die Vereinigten Staaten von Europa als Nationalstaat genauso
angenommen werden wie die USA.

Aber seien wir doch ehrlich, eine solche
Entwicklung zum echten Einheitsstaat wäre
nach heutigem Ermessen mehr als unwahrscheinlich. Die alte Vaterlandsliebe ist in
den meisten Ländern viel zu dominant,
Tradition und Geschichte haben sich in den
Herzen der Bürger verankert.

Hinzu kommt der bereits angesproche-
ne, schier unlösbare Sprachenkonflikt. Ein
großer europäischer Einheitsstaat mit 23
Amtsprachen – das wäre der reinste Hor-
ror. Wie will man dieses Problem lösen? Die
Sorgen der kleineren Völker, ihre uralte

Landessprache könnte im Zuge der Vereinheitlichung allmählich untergehen, scheinen nicht unbegründet.

Die Vereinigten Staaten von Europa würden vermutlich früher oder später in ihre Bestandteile zerfallen.

Man stelle sich nur einmal theoretisch vor, es könnte tatsächlich gelingen, Europa zu einem Einheitsstaat zusammenzuschweißen. Wie stabil wäre dieses Konstrukt? Was geschieht, wenn es dann nicht so läuft wie erhofft und versprochen, wenn die wirtschaftliche Entwicklung weiterhin rückläufig bleibt oder innerhalb der Provinzen alte Ressentiments aufkochen, Gefühle von Neid oder Benachteiligung entstehen? Was, wenn die VSE (Vereinigten Staaten Europas) in einen großen Krieg hineingezogen werden, den sie womöglich auch noch verlieren? Dann wäre doch diese fragile, widernatürliche Union sehr schnell am Ende und es bliebe ein europäischer Scherbenhaufen, der unseren Kontinent um Jahrhunderte zurückwirft. Ein künstlich geschaffenes multikulturelles Großreich ist bislang noch immer gescheitert, warum sollte es diesmal anders sein?

Auf halbe Sachen kann sich der Mensch nicht einlassen!

Was aber, wenn es gar nicht zu den Vereinigten Staaten von Europa kommt und die EU so weiterwurstelt wie bisher? Von einer solch aufgesetzten Konstruktion darf niemand erwarten, dass sie als Vaterland verstanden und akzeptiert wird. Ein undefinierbarer Schwebezustand, der so komplex aufgebaut ist, dass er von der breiten Bevölkerung nicht einmal verstanden wird, kann schlecht zum Idol aufsteigen. Die EU als loser Staatenbund scheitert als Orientierungsgröße oder Vorbildfunktion. Man begegnet ihr emotionslos und beurteilt sie bestenfalls nach der Kosten-Nutzen-Rechnung. Und die kann auf Dauer nie und nimmer positiv ausfallen, weil einfach die wirtschaftlichen Voraussetzungen dagegen sprechen (siehe Seite 5).

Absetzbewegungen

Darf man sich angesichts der erwähnten Perspektiven noch wundern, wenn sich innerhalb der EU zunehmend eine Gegenbewegung formiert? Der Euro und die EZB haben mittlerweile vielen ehemals braven EU-Bürgern die Augen geöffnet. Sie erleben, wie die EU samt Euro immer mehr zur unlenkbaren Transfergesellschaft verkommt und haben es zunehmend satt, für die Fehler anderer geradezustehen.

In Finnland, dem einstigen EU-Musterland, hat sich die Zahl der EU-Gegner innerhalb einer Wahlperiode fast verfünffacht, zahlreiche EU-Staaten haben trotz Unterzeichnung des Schengener Abkommens Grenzkontrollen wieder eingeführt, Griechenland hofft auf einen erneuten Schuldenschnitt und Großbritannien hat mit seinem EU-Austritt bereits die Konsequenzen gezogen. Es ist offensichtlich: Die EU kann ihre Probleme nicht mehr kaschieren und gilt bereits auf halber Strecke zum Einheitsstaat als gescheitert.

Wie entsteht der Patriotismus?

Die Vaterlandsliebe entwickelt sich gewöhnlich aus dem Zugehörigkeitsgefühl eines Volkes. Über Jahrhunderte formiert sich eine Schicksalsgemeinschaft, die selbst in schweren Zeiten nicht auseinanderbricht. Der Nationalstolz gründet auf die Überlebenkämpfe der Urahnen, orientiert sich am Glauben und geistigen Vorbildern. Eine derart gewachsene und von Generation zu Generation weitergetragene Bindung lässt sich nicht einfach per Verfügung auslöschen oder austauschen.

Heute festigen auch große Sportereignisse wie Weltmeisterschaften und Olympiaden den verwurzelten Nationalstolz. Würde die EU unser großes, geliebtes Vaterland werden sollen, müsste Europa bei Großveranstaltungen jeweils mit einer einzigen geschlossenen Mannschaft antreten, selbst bei der Fußball-Weltmeisterschaft oder den Olympischen Spielen. Will man das, hat man überhaupt schon einmal an solche Folgen gedacht? Oder hofft man auf Sonderrechte und Übergangslösungen? Die USA sind schließlich bei den sportlichen Großereignissen auch nur mit einer Mannschaft dabei, die einzelnen US-Bundesstaaten haben keine Teilnahmeberechtigung.

Und wie im Sport beträfe diese Entnationalisierung auch alle anderen Gebiete, die Kultur, Wissenschaft und Politik. Dann geht ein Nobelpreis nicht mehr an Deutschland oder Frankreich, sondern an Europa und in einigen hundert Jahren werden die meisten Europäer kaum noch wissen, dass Napoleon ein Franzose, Hitler ein Deutscher, Picasso ein Spanier und Shakespeare ein Brite war – sie sind dann nur noch Europäer.

Ist Nationalismus etwas Schlechtes?

Die Ächtung des Nationalismus zumindest in Deutschland entbehrt nicht einer gewissen Schizophrenie. Denn einerseits wird jeglicher deutsche Patriotismus verteufelt, andererseits bedauert man die fehlende Vaterlandsliebe zum werdenden Europa. Als ob eine multikulturelle Großmacht mehr Anerkennung verdient als eine historisch gewachsene, kleinere Volksgemeinschaft wie Deutschland, Polen oder Frankreich.

Vor allem scheinen die meisten Anti-Nationalisten nicht wahrnehmen zu wollen, wie wichtig eine gesunde Portion Vaterlandsliebe für den Erhalt des Staates ist. Wird die eigene Nationalität in den Dreck gezogen, schwindet auch das Pflichtgefühl gegenüber dem Staat. Steuerhinterziehung wird zum Kavaliersdelikt oder gar zur gerechtfertigten Protestbewegung, während die systematische Inanspruchnahme aller erdenklichen Sozialhilfen zum Volkssport gerät. Der egoistisch eingestellte Wutbürger kennt nur noch seine Rechte und akzeptiert kaum noch Pflichten.

In Fukushima haben aus reinem Pflichtgefühl gegenüber dem Staat hunderte Techniker und Ingenieure ihre Gesundheit und ihr Leben geopfert. Wie würde eine solche Katastrophe ablaufen in einem Land, in der jeglicher Nationalismus verpönt ist und die Devise gilt: „Was geht das mich denn an?“

Wie aus Freunden Feinde werden ...

Es ist schon paradox, wie die „friedensstiftende" EU dazu beiträgt, dass aus Freunden Feinde werden.

Da haben zum Beispiel viele Griechen von den reichlich fließenden EU-Subventionen sehr gut gelebt. Nicht wenige von ihnen haben die EU betrogen, indem sie ihren Bestand an Olivenbäumen oder Schafen falsch deklariert haben. Griechenland kam durch die EU und den Euro in den Genuss niedriger Zinsen, was eigentlich die Wirtschaft hätte beflügeln müssen. Aber überzogene Lohnforderungen und die Vetternwirtschaft haben den möglichen Aufschwung verhindert. Und der Staat hat mit seinen eingesparten Zinsgeldern nicht etwa den Haushalt saniert, sondern lieber seinen viel zu vielen Amtsdienern und Beschäftigten in den Staatsbetrieben absurd hohe Gehälter gezahlt.

Durch die Weltfinanzkrise ist der ganze Schwindel aufgeflogen, die Griechen stehen kurz vor der Pleite und müssen von ihren bisherigen Geberländern über Schuldenerlasse, Bürgschaften und riskante Kredite gestützt werden. Deutschland als größter Nettozahler hat bisher am meisten gelöhnt und muss auch bei den Rettungspaketen eine führende Rolle übernehmen. Und weil unsere Bundesregierung die Kreditvergabe an Bedingungen knüpft (damit das Geld nicht wie bisher verprasst wird), richtet sich die Wut vieler Griechen nicht nur gegen die eigene Regierung, sondern mehr noch gegen die „bösen Nazis".

Europafahne mit Hakenkreuz

Wie störrische Kinder wollen viele Griechen nicht wahrhaben, dass sie für ihr Desaster selbst verantwortlich sind! Weil sie eben weit über ihre Verhältnisse gelebt und sich an der allgegenwärtigen Korruption oder am Steuer- und Sozialbetrug beteiligt haben. Wer für verstorbene Familienmitglieder jahrzehntelang unrechtmäßig Rente kassiert, wer aus reiner Gefälligkeit Verwandte im Staatsdienst oder Staatsbetrieben unterbringt (ohne dass sie wirklich gebraucht werden), wer Bestechungsgelder annimmt oder auszahlt usw., der ist nach gängiger Auffassung nun einmal ein Betrüger, auch wenn man das in Griechenland vielleicht nicht so eng sehen mag.

Obwohl der deutsche Steuerzahler also die Eskapaden der Griechen letztlich mit ausbaden muss, wird er beschimpft und verhöhnt. Demonstranten gehen mit Hakenkreuz verunzierten Europafahnen auf die Straßen. Schon sind wir wieder die bösen Nazis, gleichwohl man auf unser Geld angewiesen ist.

Kleine Länder fühlen sich von der deutschen Supermacht bevormundet!

Obwohl die EU völlig undemokratisch aufgebaut ist, weil zum Beispiel ein Deutscher viel weniger zählt als andere (ebenso wie Luxemburg darf Deutschland gerade mal einen Vertreter in die Kommission berufen), fühlen sich besonders manch kleinere Staaten von Deutschland abhängig und bevormundet. Dieser Umstand fördert allgemeine Abneigungen und Vorurteile. Der schwelende Unmut entlädt sich, wenn ein Staat in Not gerät und auf deutsche Hilfe angewiesen ist. Geldgeber waren schon immer verhasst. Früher waren die jüdischen Geldverleiher die Bösewichte, heute sind es die Banken und bei der Staatsschuldenkrise sogar die bürgenden Nationalstaaten.

Noch mehr Wut auf Deutschland

Der Wegfall der Zölle und die Brüsseler Subventionspolitik brachte es mit sich, dass im zunehmenden Maße auch Nahrungsmittel ex- oder importiert werden. Dies wiederum begünstigt den Trend zu Monokulturen, zur Massentierhaltung und zu landwirtschaftlichen Großbetrieben. So wächst die Seuchengefahr, obwohl die Landwirte mit zeitraubenden bürokratischen Auflagen gegängelt werden (der Weg eines Stücks Fleisch muss lückenlos verfolgt werden können).

Die deutsche EHEC-Seuche im Mai und Juni 2011 zeigte einmal mehr die aus dem grenzüberschreitenden Handel resultierenden Gefahren auf. Plötzlich standen alle europäischen Gemüsebauern unter Generalverdacht, Millionen Tonnen von Gemüse mussten vernichtet werden. Völlig verständlich, wenn unter diesen Umständen Spanier, Italiener, Holländer usw. auf „die Deutschen" sauer sind. Aber „die Deutschen" können auch nichts dafür – es ist halt das System des übertriebenen Außenhandels und gegenseitiger Abhängigkeit – die politisch betriebene Abkehr von einer weitreichenden Eigenversorgung.

So entpuppt sich die EU leider immer wieder als Konstrukt, das nicht Freundschaften pflegt und schafft, sondern eher zur Feindschaft, Missgunst und Entfremdung beiträgt.

Es entsteht ein ganz falscher Eindruck!

„Im Grunde ist die Europäische Union ein Mittel zum Zweck für Deutschland", meint Donald Trump. Dass dieser falsche Eindruck im Ausland entsteht, ist wenig verwunderlich. Es sind schließlich unsere Politiker und Journalisten, die ständig betonen „Deutschland profitiere ganz besonders von der EU". Dabei sagen sie das vermutlich nur, um die eigene Bevölkerung bei der Stange zu halten.

Übrigens: Auch unsere geschönten Arbeitslosenzahlen und Handelsbilanzen schüren Neid, Misstrauen und Anspruchsdenken. Ein wenig mehr Ehrlichkeit und Realitätssinn würde ungerechtfertigte Vorbehalte vermeiden. Oder glaubt jemand wirklich daran, dass Deutschland über Jahrzehnte einen Leistungsbilanzüberschuss von mehreren Billionen Euro erwirtschaftet hat (in dem Falle wäre das Weltfinanzsystem vermutlich längst aus den Fugen geraten). Wo ist das Geld geblieben?

Kapitel IV

Was wird aus der EU?

Drei Szenarien

„Wenn Du entdeckst,
dass Du ein totes Pferd reitest,
steig ab!"
Alte Weisheit der Dakota-Indianer.

Der jetzige Schwebezustand ist auf Dauer unhaltbar!

Weder Fisch noch Fleisch

Die heutige EU entpuppt sich mehr und mehr als unberechenbares Monstrum. Die EU-Bürokraten vermüllen die nationalen Mitgliedstaaten mit überflüssigen Vorschriften und Verboten.

Nur ein Beispiel: Der zunehmende Schienenverkehr am Rhein belästigt viele Anrainer in unzumutbarer Weise. Der Staat will den notwendigen Lärmschutz über eine Subventionierung unterstützen. Aber auch hier funkt die EU wieder dazwischen, weil die Deutsche Bahn nicht subventioniert werden darf (angebliche Wettbewerbsverzerrung). Die Bahn wiederum lehnt die alleinige Finanzierung des Lärmschutzes ab, weil sie dadurch ihre Konkurrenzfähigkeit zum Straßen-Güterverkehr einbüßen würde. Also müssen die Anrainer weiter leiden. Wieder einmal untergräbt die EU bürgerfreundliche nationale Interessen und deren Handlungsfähigkeit.

So wie beim Lärmschutz mischt sich die EU in alle Wirtschafts- und Lebensbereiche ein. Wieviele Existenzen und Arbeitsplätze wurden dadurch schon ruiniert? Da wurden zum Beispiel den Fischern unerfüllbare Auflagen diktiert, die viele zur Aufgabe zwangen. Es wurden die bei der Bevölkerung so beliebten Schiffs-Butterfahrten verboten. Ja, es werden sogar die lokalen Behörden gezwungen, vor der Auftragsvergabe europaweite Ausschreibungen vorzunehmen. Auf diese Weise gelangen ausländische Dumpingfirmen an kommunale oder staatliche Aufträge. Erst im Nachhinein wird oftmals festgestellt, dass bei der Durchführung der Arbeiten geschlampt oder massiv geschummelt wurde (zum Beispiel Mindestlöhne und Sicherheitsvorschriften nicht eingehalten wurden).

Nicht berücksichtigt werden dürfen bei der Auftragsvergabe die Folgekosten. Bei ausländischen Firmen können nun einmal Gewährleistungsansprüche (Pfusch am Bau) schlechter geltend gemacht werden. Oft sind ausländische Firmen später nicht mehr greifbar (anderes Rechtssystem, Sprachenprobleme, Flucht in die Insolvenz, Umfirmierung usw.).

Die EU zwingt also zu europaweiten Ausschreibungen, ohne die daraus resultierenden Folgen und Risiken in Betracht zu ziehen. Die Hochlohnländer sind hier wieder einmal die Dummen – vor allem, wenn sie an Billiglohnländer grenzen. Denn es wird kaum vorkommen, dass deutsche Firmen angesichts des bestehenden Lohngefälles in Polen eine Chance haben, an kommunale Bau- oder Dienstleistungsaufträge heranzukommen.

Die EU untergräbt damit auch die wirtschaftliche Handlungsfähigkeit ihrer Mitgliedstaaten

Wie soll ein Hochlohnland wie Deutschland im Falle einer Konjunkturschwäche schnell wirksame Investitionsprogramme auflegen, wenn zu befürchten ist, dass selbst staatliche Bauaufträge größtenteils an ausländische Billigfirmen gehen? Also noch weniger Handlungsfreiheit in einem Land, in dem die gemeinsame Transferwährung (der Euro) die Regulierung der Wirtschaft über Auf- und Abwertungen oder die Zinsschraube verhindert.

Nein, auf Dauer kann diese Doppelregierung (gewähltes nationales Parlament und Brüssel) nicht gedeihen! Zumal ja bereits die Handlungsfähigkeit des Nationalstaates durch komplexe Gesetzgebungsverfahren auf Kommunal-, Landes- und Bundesebene stark eingeschränkt ist.

Man stelle sich nur einmal den Werdegang eines Gesetzes bildlich vor: Da sind zunächst einmal die Parteivorgaben, das Parteiprogramm. Dann muss sich die Regierung mit den Koalitionsparteien abstimmen (was bereits oft zu faulen Kompromissen führt), dann muss das Gesetzesvorhaben den EU-Vorgaben angepasst werden (weitere Kompromisse), es muss durch den Bundestag gebracht und meistens auch noch vom Bundesrat abgesegnet werden (nochmalige Kompromisse).

Wenn das schließlich alles erledigt ist und das Gesetz tatsächlich in Kraft tritt, drohen Klagen Betroffener bis zum Bundesverfassungsgericht oder gar dem Europäischen Gerichtshof.

Man denke bei dieser Gelegenheit nur einmal an den gescheiterten Versuch, die absurde und umweltfeindliche Pendler-

pauschale einzuschränken. Oder an das Hickhack bezüglich der anschließenden Sicherungsverwahrung verurteilter Serientäter. Wie kommt man zu der Annahme, europäische Institutionen wüssten alles besser und sind deutschen, französischen oder polnischen Richtern oder Politikern geistig überlegen?

„Die EU muss sich weiterentwickeln!"

Spricht man Politiker auf die unhaltbaren Missstände der EU an, wird man auf bessere Zeiten vertröstet. „Die EU müsse sich eben ständig weiterentwickeln", heißt es besänftigend. Doch konkret weiß keiner, wie denn die europäische Zukunft aussehen soll.

Es wird eingeräumt, dass es aufgrund nationaler Eigeninteressen einen echten Bundesstaat niemals geben werde. Aber man verspricht sich halt mehr Anpassung. Doch mit diesen nebulösen Visionen werden wir Europäer schon seit mindestens 40 Jahren hingehalten und wenig Gutes ist bislang dabei herausgekommen.

Um den Harmonisierungsprozess zu beschleunigen, hat man vor 20 Jahren einfach den zweiten Schritt vor den ersten gemacht und den Euro eingeführt. Doch diese Ignoranz der Logik blieb nicht ungestraft – jetzt haben wir das Chaos und immer noch keine angeglichene Wirtschaftspolitik, die nun einmal Voraussetzung für eine funktionierende Einheitswährung ist.

Immer noch weiß der Europäer nicht, wohin die Reise geht und was seine Volksvertreter mit ihm vorhaben. Die politische und wirtschaftliche Harmonisierung haben wir nicht, bräuchten sie aber. Wenn wir sie hätten, wäre das fast gleichbedeutend mit einem Bundesstaat (den Vereinigten Staaten von Europa), an dessen Machbarkeit unsere Politiker aber selbst nicht glauben.

Hoffen die Politiker insgeheim, dass nach geglückter Harmonisierung ein allmählicher Sinneswandel in der Bevölkerung eintritt und ein Bundesstaat doch noch Akzeptanz findet? Wie aber kann es eine Harmonisierung geben, wenn starke nationale Eigeninteressen und Existenzängste dies verhindern? Als Ersatz für die fehlende und durchaus nützliche Harmonisierung wichtiger Bereiche (Steuern, Löhne) präsentiert man eine wuchernde Bürokratisierung, als ob dies in irgendeiner Weise weiterhelfen könnte. Es macht das ganze Trauerspiel nur noch schlimmer.

Die jetzige EU begünstigt das Schmarotzertum!

Die Perversion der heutigen EU lässt sich nicht zuletzt an den gravierenden Steuerunterschieden ausmachen. Was ist das nur für eine Solidargemeinschaft, in der sich einzelne Mitgliedstaaten über das Steuerdumping unbotmäßige Vorteile verschaffen? Wenn das kein parasitäres Verhalten ist, was dann? Die Vorzüge der EU einstreichen, groß von EU-Ideologien schwadronieren – und dann durch niedrige Unternehmenssteuern Investoren anlocken. Das soll solidarisch sein? Jeden Furz auf 160.000 Seiten regeln, aber das Steuerdumping (das alle anderen Staaten unter Druck setzt)

nicht unterbinden können? Das ist doch ein Skandal!

Selbst bei den Mineralölsteuern wird schmarotzt. Viele Bundesbürger und Franzosen im Umkreis Luxemburgs fahren zur Tanke ins benachbarte Großherzogtum, verfahren den Sprit aber dann doch auf deutschen und französischen Straßen. Luxemburg verdient klotzig an dieser Absahne. Die hohen Steuereinnahmen können quasi als Reingewinn verbucht werden, weil von dem Geld der Tanktouristen in Luxemburg keine Straßen gebaut oder unterhalten werden müssen. Wozu brauchen wir die EU, wenn sie nicht einmal so etwas unterbinden kann?

Ein Sowohl-als-auch geht nicht!

Wann wird es unseren Politikern endlich dämmern, dass ein halbwegs funktionierender Nationalstaat ein übergeordnetes EU-Parlament nicht verträgt? Ständig überschneiden sich Kompetenzen und während der Nationalstaat vorwiegend seine Eigeninteressen pflegt (damit er nicht ins Chaos stürzt und damit er erhalten bleibt), funken die Brüsseler Bürokraten dauernd dazwischen und leben ihren Traum von der alle vereinenden europäischen Solidargemeinschaft.

Wie lange soll dieses absurde Experiment weitergeführt werden? Wann werden die EU-Besessenen aus ihrem Traum erwachen? Wie viele Staatspleiten und ruinierte Volkswirtschaften braucht es um zu erkennen, dass es so nicht geht?

Die Vereinigten Staaten von Europa

Was wäre, wenn es tatsächlich gelänge, aus der EU einen Einheitsstaat im Sinne der USA zu formen? Dies würde in der Praxis bedeuten, sämtliche Nationalstaaten müssten die ihnen jetzt noch verbliebenen Kompetenzen weitgehend abgeben. Es würde eine neue Zentralregierung geschaffen, die für einheitliche Gesetze und Steuern sorgt. Die Flächenlohntarife würden sich auf die gesamte EU ausdehnen – die Rumänen müssten also in etwa das Gleiche verdienen wie die Deutschen, weil es sonst zu unvertretbaren Wanderungsbewegungen kommt.

Anpassung nach unten!

Man mache sich keine Illusionen – wenn es zu einer europaweiten Lohnangleichung kommt, wird es eine Anpassung nach unten geben, so wie wir es auch schon die beiden letzten Jahrzehnte erleben konnten. Wenn es gut geht, wird man sich halbwegs in der Mitte treffen. Für die meisten Experten gibt es keinen Zweifel, auch wenn sie es nicht offen äußern mögen: Als größtes und zudem noch zentral gelegenes Wohlstandsland wird vor allem Deutschland in die Pflicht genommen. Wer mehr hat, der muss auch mehr geben – dies war schon immer das Leitmotiv der europäischen Transferunion.

Sprachenwirrwarr wie in Babylon!

Eines der größten Probleme wäre das Zu-

sammenwachsen der Kulturen und vor allem die Sprachenvielfalt, die an den biblischen Turmbau zu Babel denken lässt. Englisch, französisch, portugiesisch, deutsch, italienisch, polnisch usw. – wie will man das alles unter einen Hut bringen? Sollen innerhalb der EU 23 Amtssprachen Gültigkeit haben? Wie müssen dann die Formulare aussehen – soll man Übersetzungen in 23 Sprachen untereinander auflisten oder müssen die Behörden alle verschiedensprachigen Formulare bevorraten. Wie viele Sprachen müssen die kommunalen Mitarbeiter beherrschen, denn in einem vereinten Bundesstaat wird es zu einer allmählichen Vermischung der Nationalitäten kommen? Oder glaubt man, trotz aller Wanderbewegungen die Sprachen auf Dauer nach den alten Nationalgrenzen aufteilen zu können? Soll also auch in 200 Jahren noch in Stettin polnisch und in Rostock deutsch gesprochen werden?

Nationale Parteien verbieten?

Regionale Lobbygruppen werden in einem Bundesstaat versuchen, Einfluss auf die Politik zu nehmen. Dürfte es im vereinigten Europa zum Beispiel eine „Deutsche Partei" und eine „Polnische Partei" geben, würde ein Wettstreit der Nationalitäten heraufbeschworen, den die kleineren Staaten kaum gewinnen können. Infolgedessen würde es vermutlich allmählich zu rivalisierenden Blockbildungen kommen.

Aber selbst wenn man altnationale Parteien verbietet, sind damit gegenseitiges Misstrauen, Neid und Missgunst nicht ausgerottet. Akzeptieren die anderen Völker, wenn ein Deutscher, ein Franzose oder ein Pole Kanzler wird? Werden die Ministerposten nach nationaler Gewichtung verteilt? Wie werden die Koalitionsverhandlungen verlaufen? In welcher Sprache wird man im Parlament debattieren? Wie verläuft eine leidenschaftliche Diskussion, wenn im Parlament nur noch Volksvertreter mit Kopfhörern sitzen, die angestrengt der hinterherhinkenden Simultanübersetzung lauschen?

Wie handlungsfähig ist ein Multi-Kulti-Bundesstaat?

In einem bunten Parlament aus zurzeit 27 ehemals selbständigen Nationen wird es noch schwieriger sein, Gesetze durchzubringen. Wegen schwelender, altnationaler Interessen wird es hinter den Kulissen ein ewiges, zermürbendes Gefeilsche geben.

Wer bestimmt in dieser widernatürlichen Zweckgemeinschaft über Krieg und Frieden? Deutschland wird sich aus den internationalen Konflikten dann nicht mehr heraushalten können (Irak, Libyen), es wird die missionarischen Aufgaben unterstützen müssen. Auch die Provinz Deutschland wird dann zur Atomstreitmacht werden.

Und wie wäre es mit dem Ausstieg aus der Atomenergie gelaufen? Hätte die BRD einfach seine Kernkraftwerke abschalten dürfen? Sicher nicht!

Europa in 100 Jahren

Einmal angenommen, es gelänge, die europäischen Nationen zu einem echten Bundesstaat, den „Vereinigten Staaten von Europa" zu vereinen. Wie könnte eine solche Union mit gleichen Löhnen, Steuern, Gesetzen usw. in 100 Jahren ausschauen ?

Bevölkerungsstrukturen

Geht man davon aus, dass die Geburtenrate der Alteuropäer ohne Migrationshintergrund auf dem heutigen Niveau verbleibt und auch die Osteuropäer aufgrund einer Wohlstandsanpassung sich der westlichen Reproduktionsrate annähern, würden die europäischen Ureinwohner vermutlich langfristig nur noch eine Minderheit stellen. Weitere Einwanderungen aus Afrika, der Türkei, dem Nahen und Mittleren Osten und Krisengebieten vorausgesetzt, gäbe es in etwa 100 Jahren zumindest in weiten Teilen Europas eine muslimische Mehrheit. Dieser Prozess beschleunigt sich, wenn die arglosen Gutmenschen sich durchsetzen, die mit Nachdruck eine stärkere Öffnung der „Festung Europa" fordern.

Große Völker, wie es die Deutschen einmal waren, werden zu einer Minderheit schrumpfen und lokal kaum noch auszumachen sein. Denn die dann noch existierenden ca. 20 Millionen Deutschen (ohne Migrationshintergrund) verteilen sich über ganz Europa (und bilden circa vier Prozent der europäischen Gesamtbevölkerung). Zwar werden sie in den alten deutschen Stammgebieten (unserer heutigen Staatsgrenze) vermehrt auftreten, aber eben selbst dort höchstens noch 25 % der Bevölkerung stellen. Derlei Prognosen werden allzugern als Panikmache abgetan mit dem Verweis, dass im heutigen Deutschland der Ausländeranteil bei unter 10 Prozent liegt. Diese simple Aufrechnung missachtet aber den entscheidenden Aspekt der Einbürgerung. Migranten mit deutschem Pass oder auch mit doppelter Staatsbürgerschaft gelten verständlicherweise nicht mehr als Ausländer.

Nach verschiedenen Berechnungen (Prognosen) hat im Jahre 2117 Europa etwa 500 Millionen Einwohner und stellt damit nur noch ca. 5-6 Prozent der Weltbevölkerung. Entsprechend dieses geringen Anteils sinkt auch die Bedeutung Europas, zumal davon auszugehen ist, dass auch deren Wirtschaft immer mehr an Boden verliert.

Damit scheint das Schicksal der Europäer weitgehend besiegelt. Langfristig gesehen wird es den Ureinwohnern Europas nicht viel anders ergehen als den Indianern in Nordamerika oder den Aborigines in Australien. In 300 Jahren wird man sich vermutlich an die Franzosen, Briten, Italiener oder Deutschen nur noch als ausgestorbene Kulturen erinnern, in etwa so wie an die Mayas und Inkas.

Wirtschaft und Wohlstand

Auch was die Wirtschaft und damit unser aller Wohlstand betrifft, verspricht die Zukunft in einem großeuropäischen Bundesstaat wenig Gutes. Denn Überbürokratisierung, veränderte Bevölkerungsstrukturen (Auswanderung von Fachkräften, Ein-

wanderung von Armutsflüchtlingen) und mangelndes Nationalbewusstsein werden ihren Tribut fordern. Der Staat aus der Retorte wird sich gegen die asiatische Übermacht nur schwer behaupten können, zumal er bereits durch den ewig andauernden, zermürbenden Vereinigungsprozess stark geschwächt wurde. Natürlich könnte das unterentwickelte Europa im 22. Jahrhundert mit niedrigen Löhnen, größeren Arbeitsanreizen (niedrigere Sozialhilfen) und ehrlichen Schutzzöllen auch wieder erstarken und eigene Industrien entwickeln. Auch könnte allmählich eine echtes europäisches Nationalbewusstsein gefördert und geschaffen werden. Dennoch wird das Vielsprachenproblem ungelöst bleiben und eine europäische Weltmacht niemals so effizient und einfach zu regieren sein wie die heutigen souveränen Länder. Ein echter Vorteil für einen großen Bundesstaat ist nirgends erkennbar, auch was die ferne Zukunft (also die nächsten Jahrhunderte) betrifft. Bis es aber diese ominösen Vereinigten Staaten von Europa geben wird und „die Europäer" sich mit diesem Staat identifizieren, muss mit enormen Schwierigkeiten und Wohlstandsverlusten gerechnet werden.

Da stellt sich doch die Frage: Lohnt das Risiko? Sollen Europäer und Migranten die nächsten 100 Jahre darben, nur um dann in einem gigantischen Experiment erleben zu dürfen, ob ein multireligiöser Vielvölkerstaat wider Erwarten doch noch handlungs- und zukunftsfähig ist?

Die EU in der Art der OAS

Europäische Regierungen sehen sich gerne in einer Vorbildfunktion und meinen oft, sie allein hätten die Weisheit mit Löffeln gegessen und würden vieles besser wissen als irgendwer sonst in der Welt. Wäre es anders, würden Sie vielleicht einmal auf die Idee kommen zu schauen, wie die Staaten in anderen Erdteilen die Zusammenarbeit mit ihren Nachbarländern gestalten.

Als positives Vorbild scheint mir in diesem Falle die OAS dienen zu können, die Organisation Amerikanischer Staaten. Dieser Organisation gehören mit Ausnahme von Kuba und Honduras alle 35 unabhängigen Staaten des amerikanischen Kontinents an. Wichtigste Aufgaben der OAS sind die Stärkung des Friedens und der Sicherheit, Beistand bei Aggressionen von außen, die Verteidigung der Souveränität der Mitgliedstaaten sowie wirtschaftliche, soziale und kulturelle Zusammenarbeit. Der Gesamthaushalt der OAS verschlingt gerade einmal 70 <u>Millionen</u> Euro im Jahr – also etwa ein Zweitausendstel des europäischen Volumens (140 <u>Milliarden</u>).

Wirtschaftliche Zusammenarbeit geht also auch ohne Zollabbau!

Was unsere EU-Propagandisten leider nicht wahrnehmen wollen ist die Tatsache, dass eine wirtschaftliche Zusammenarbeit keineswegs den Abbau der Zölle erfordert. Ein ruinöser Dumpingwettbewerb zwischen

den Staaten ist nämlich in Wahrheit alles andere als wirtschaftsfördernd. Für alle Mitgliedstaaten erweist es sich stets als vorteilhafter, wichtige Industrien zu erhalten und zu schützen. Billigimporte bringen letztlich keinen Vorteil, wenn daraus eine (größtenteils verdeckte) Massenarbeitslosigkeit entsteht und die gesamte Volkswirtschaft darunter leidet. Lediglich bei Rohstoffen wären Billigimporte vorteilhaft – aber gerade dort gibt es sie nicht.

Unter einer nützlichen wirtschaftlichen Zusammenarbeit versteht man den Abbau unnötiger Handelshemmnisse, Angleichungen bei technischen Normierungen, Vermeidung von Grenzschikanen (zum Beispiel lange Verkehrstaus bei der Ein- und Ausreise oder der Zollabfertigung), gegenseitige Förderung der Wissenschaften, evtl. koordinierte Forschungsprojekte, allmähliche Anpassung der Steuern und Sozialsysteme und evtl. noch Förderung unterentwickelter Staaten über Marshall-Pläne. Auch hier wäre das Fernziel eine möglichst homogene Wohlstandsstruktur auf dem gesamten Kontinent, so dass große Wanderungsbewegungen aus rein finanziellen Gründen sich erübrigen.

Der große Gegensatz zu unserer heutigen EU wäre vor allem die Beibehaltung der Zölle, die ein Ausbluten der eigenen Wirtschaft verhindern. Der zweite große Unterschied läge im weitgehenden Erhalt der nationalen Souveränität. Also Verzicht auf eine Brüsseler Oberhoheit, deren Gesetzes- und Bürokratiewut sich alle nationalen Parlamente unterwerfen müssen.

Drittes Merkmal wäre der radikale Abbau der abenteuerlichen Subventionspolitik, die aus einer gesunden Marktwirtschaft letztlich eine Planwirtschaft macht.

Viertes Kriterium wäre der Erhalt der nationalen Währungen, damit die souveränen Staaten ihre Wirtschaft und Wettbewerbsfähigkeit über das Instrument der Zinsen und Auf- und Abwertungen steuern können.

Eine EU in der Funktion der OAS würde ich begrüßen, denn sie hätte trotz ihres minimalen Budgets eine bessere friedensstiftende Wirkung (unsere EU nötigt zu Auslandseinsätzen, ein Einheitsstaat EU sogar darüber hinaus zur weitergehenden Einmischung in kaum lösbare ausländische Konflikte). Eine solche EU hätte auch bessere Möglichkeiten, wirtschaftlich schwache Staaten zu unterstützen, ohne dass dabei Unsummen sinnlos verpulvert werden und sich gigantische Schuldenblasen aufbauen.

Wer in diesem Zusammenhang den Lebensstandard der südamerikanischen Staaten mit denen Osteuropas vergleicht und die EU diesbezüglich für erfolgreicher hält, sollte bedenken, dass Südamerika bezüglich Bildung, Industrialisierung, Demokratie, Korruption und Rechtsstaatlichkeit enormen Aufholbedarf hat. Bei einem solchen Vergleich muss man auch die gigantischen Transferleistungen und den Niedergang der ehemals reichen EU-Staaten berücksichtigen.

Dumpingwirtschaft
statt Marktwirtschaft?

In einem gemeinsamen Markt mit stark unterschiedlichen Löhnen, Steuern und Sozialleistungen kommt es zwangsläufig zu einem ruinösen Unterbietungswettbewerb auf allen Ebenen. Der Zollabbau ist gleichbedeutend mit der Abschaffung der Marktwirtschaft!

Warum gilt die EU nirgends als Vorbild?

Warum gibt es keine Vereinigten Staaten von Südamerika, Afrika, Süd- oder Westasien? Eine wirklich gute Sache sollte sich normalerweise doch immer durchsetzen. Warum also gilt die EU nicht als Vorbild für andere Regionen? Besonders in konfliktreichen Krisengebieten (Nahost, Teile von Afrika) könnten durch Zusammenschlüsse jahrhundertealte Querelen und Feindschaften beseitigt werden.

Warum keine Westasiatische Union?

Man stelle sich nur einmal vor, die heutigen Staaten Israel, Libanon, Syrien, Jordanien und die palästinensischen Reservate würden das Kriegsbeil begraben und sich in EU-Manier zusammenschließen. In diesem Gebiet könnte dann wirklich von einer friedensstiftenden Union gesprochen werden, da hier im Gegensatz zur EU noch keine Befriedung stattgefunden hat.

Wäre eine solche Union nicht herrlich? Jerusalem müsste nicht geteilt werden, die Terrorangriffe der Palästinenser würden sich erübrigen und die Israelis bräuchten im Gegenzug keine Strafbatallione entsenden. Die Palästinenser wären endlich wirklich frei und müssten nicht hinter hohen Mauern weggesperrt werden. Im Gegensatz zur überdehnten EU hätte diese Westasiatische Union auch keine ungelenke Übergröße mit einer halben Milliarde Menschen und 23 Amtssprachen. Nur vier Länder, die ihren alten Nationalstolz ein wenig ablegen müssten – und die ganze Welt könnte aufatmen.

Warum wird eine solche Union nicht einmal angedacht oder empfohlen? Sie wäre vielleicht nützlicher als alle zähen Friedensverhandlungen der letzten 40 Jahre. Vor allem gilt es zu bedenken, dass die betroffenen Regionen nicht durch uralte Nationalstaaten repräsentiert werden – sie sind nämlich erst nach dem 1. Weltkrieg durch den Zerfall des Osmanischen Reiches künstlich erschaffen worden.

Ein westasiatischer Bundesstaat würde wirklich Sinn machen. Mit 43 Millionen Einwohnern wäre ein solcher Staat auch in der Lage, eigene Industrien aufzubauen, die eine weitgehende, umweltfreundliche Eigenversorgung ermöglichen.

Es muss doch sehr zu denken geben, dass dort, wo eine Union sichtbare Erfolge bringen und einen echten Frieden bescheren könnte, über eine solche Vereinigung nicht einmal nachgedacht wird. Mit anderen Worten: Vermutlich hält man überall in der Welt die „Europäische Idee" für aberwitzig und betrachtet das Modell längst als gescheitert!

„Ohne EU würde Europa an Bedeutung verlieren!"

Auch dieser Rechtfertigungsversuch der EU-Fanatiker gerät zur Farce.

1. Es ist durchaus natürlich, wenn bei einem schwindenden Anteil an der Weltbevölkerung auch der europäische Einfluss sinkt.

2. Ein Aufstieg ehemaliger Entwicklungsländer ist unser aller Ziel (oder sollte es zumindest sein). Wen wundert's, wenn schon dadurch die einstige europäische Vormachtstellung zerfällt – eine Normalisierung der wahren Kräfteverhältnisse muss doch niemand bedauern.

3. In einem Europa ohne krankhaftem Vereinigungskomplex wären die einzelnen europäischen Staaten wegen verbesserter Handlungsfähigkeit, geringerer Bürokratisierung und branchenschützender Zollschranken wirtschaftlich stärker.
Dies würde auch die Geburtenrate positiv beeinflussen (mehr Geld für Kitas und Ganztagsschulen, bessere Zukunftsperspektiven, geringere Abwanderung der Fachkräfte). Eine stärkere Wirtschaftskraft und eine wachsende Population der Einheimischen würde die europäischen Völker vor ihrem schleichenden Niedergang bewahren (die EU bewirkt genau das Gegenteil).

4. Wenn 27 EU-Staaten und die Brüsseler Institutionen sich mühselig abstimmen und koordinieren müssen, so kann das kaum förderlich sein. Eine derart zeitraubende und instabile Entscheidungsfindung wird keine anderen Mächte beeindrucken und trägt in sich schon den Keim wachsender Lächerlichkeit und Bedeutungslosigkeit.

Kapitel V

Wann zerbricht der Euro?

Scheitert die EU allein schon am Euro?

Der Euro ...

- erleichtert Global Playern das Outsourcing (Kalkulationssicherheit)
- beschert ausländischen Konkurrenzunternehmen günstige Kredite
- verwehrt den Nationalstaaten eine eigenständige Zinspolitik
- kann auf die Konjunktur und Inflationsrate eines einzelnen Landes keine Rücksicht nehmen
- unterbindet notwendige Auf- und Abwertungen eines Landes
- erleichtert Staaten die Schuldenaufnahme
- treibt die Spekulation
- erzwingt im Notfall Transferzahlungen und Bürgschaften
- verringert die üblichen Bundesbankgewinne

Darf man Politiker, die angesichts dieser Tatbestände immer noch behaupten, Deutschland sei der große Profiteur des Euro, überhaupt noch ernst nehmen?

Abschaffung des Euro – Wiedereinführung der DM?

Eine Gemeinschaftswährung ohne einheitliche Steuer-, Sozial- und Wirtschaftspolitik kann nicht funktionieren! Auch ich gehörte zu denen, die dies von Anfang an sagten, also seitdem überhaupt die Schnapsidee vom Euro publik wurde.

Aber müssen sich Politiker an die Gesetze der Logik halten? Nein, sie müssen nicht! Denn sie repräsentieren die Macht. Selbst in einer Demokratie können sie weitgehend schalten und walten wie sie wollen (vor allem, wenn sie sich mit der Opposition verbünden). Eine Einmischung des Bürgers ist nicht zu fürchten, wenn (wie in Deutschland) bundesweite Volksentscheide verfassungsrechtlich nicht vorgesehen sind.

Nun haben wir also in Europa genau das Dilemma, was zu erwarten war!

Griechenland ist trotz 100-Milliarden-Euro-Schuldenerlass noch immer nahezu zahlungsunfähig. Aber auch andere Wackelkandidaten lassen Schlimmes ahnen.

Kluge Regierungen haben dieses absehbare Debakel vermieden, indem sie gar nicht erst den Euro einführten. Europas Musterschüler Deutschland gehörte jedoch zu den Gründungsvätern, obwohl die DM als angesehenstes Zahlungsmittel der Welt galt. Von vornherein hat man vermutlich darauf vertraut, das „reiche" Deutschland, Frankreich, Österreich und die Benelux-Länder könnten im Notfall mit Bürgschaften den

schwachen Staaten beispringen.

Schluss mit der Lügenpropaganda!

Wie will man existentielle Probleme lösen, wenn unangenehme Wahrheiten weiterhin verdrängt werden?

Noch immer heißt es süffisant, „Wir Deutschen profitieren vom Euro". Dabei ist doch bekannt, dass mit Einführung dieser Multikulti-Währung die Reallöhne und Renten weiter gesunken sind und die Probleme auf dem Arbeitsmarkt sich nochmals verschärft haben. Nur einer überaus geschickten Bilanzkosmetik ist es zu verdanken, dass die Behörden statt tatsächlicher acht bis zehn Millionen offiziell 2,5 Millionen Arbeitslose vermelden können. Wie kann man angesichts dieser Katastrophe weltfremd vom „Profitieren" reden? Was soll dieser unverschämte Zynismus – hat man überhaupt keinen Respekt mehr vor der Wahrheit bzw. dem Wähler?

Profitiert Deutschland vom Kursverfall des Euro?

Selbst der momentane Wertverlust des Euro wird schöngeredet. Deutschland müsse den Griechen wegen des schwachen Euro dankbar sein, weil damit der Export weiter gefördert wird, heißt es vielsagend. Aber wozu bitte eine weitere Exportsteigerung, wenn wir ohnehin schon einen übertriebenen Handelsbilanzüberschuss ausweisen? Je mehr Exportüberschuss, desto besser? Ist das die Devise?

Ein niedriger Euro bedeutet im Umkehrschluss höhere Preise für Importe, also auch für Rohstoffe. Profitiert Deutschland wirklich davon, wenn es künftig mehr Geld für Öl und Gas ausgeben muss? Die Behauptung, Deutschland wäre an seiner starken DM schon längst erstickt, wird durch die Schweiz eindrucksvoll widerlegt. Denn die Schweizer kommen mit ihrem überbewerteten Franken gut zurecht, genau wie einst die Deutschen mit ihrer DM.

Ohne Euro wären alle Euroländer besser dran!

Letztlich führt wohl kein Weg daran vorbei, den Euro wieder kontrolliert aufzulösen. Denn nur ein souveräner Staat mit eigener Währung hat im globalen Dumpingwettbewerb langfristig eine Überlebenschance. Reicht die Kraft oder die Einsicht nicht für eine kontrollierte Rückabwicklung, wird es eines Tages zu einem explosionsartigen Zusammenbruch des Euro kommen, mit verheerenden Folgen.

Als einzige Alternative für die Abschaffung des Euro gibt es meines Erachtens nur den Einheitsstaat (ein Volk, ein Reich, ein Euro). Nur wenn die Eurostaaten sich wirklich vereinen und überall völlig gleiche Wettbewerbsbedingungen herrschen (gleiche Steuern, gleiche Arbeitsschutzgesetze, gleiche Umweltauflagen, gleiche Bildungssysteme, gleiche Gesetze und Gesetzgebungsverfahren – folglich auch gleiche Löhne, Renten und Sozialsysteme), nur dann

wären die Voraussetzungen für eine Einheitswährung geschaffen.

Aber eine solche Vereinheitlichung scheint (man kann dies nicht oft genug betonen), zumindest aus heutiger Sicht utopisch. Es genügt nicht, allein in Deutschland jeglichen Patriotismus zu unterbinden, auch die anderen Länder müssten ihren über Jahrtausende gewachsenen Nationalstolz ablegen.

Ob dann eine echte Supermacht Europa, die Vereinigten Staaten der EU, erfolgreicher agieren würde, bleibt fraglich. Denn ein Riesenreich ist nun einmal schwieriger zu verwalten und zu regieren, zumal wenn ein Dutzend verschiedener Amtssprachen und Mentalitäten aufeinanderprallen.

Die vorprogrammierte Gesellschaft

Die EU-Fangemeinde gibt sich oft entsetzt, weil der „dumme Pöbel" nicht die Vorteile erkennen will, nicht einsehen will, dass wir der EU und dem Freihandel unseren Wohlstand verdanken. Sie sind hundertprozentig von ihrer Sache überzeugt und merken gar nicht, wie sehr sie unbedacht nachplappern, was ihnen über Generationen eingetrichtert wurde.

Dabei sollte es doch jedem unvoreingenommenen Menschen einleuchten: **Unseren Wohlstand verdanken wir vor allem den genialen Fortschritten in Wissenschaft und Technik** – und eben nicht der EU, dem Euro, dem Export oder dem Freihandel.

Alle hehren Versprechen bezüglich der EZB und des Euro sind dahin ...

Was wurde uns nicht alles versprochen, um uns den Euro und die EZB schmackhaft zu machen. Die Einheitswährung sei unerlässlich und würde unseren Wohlstand mehren (wieder einmal) und selbstverständlich sei der Euro mindestens so stabil wie die Deutsche Mark. Und dann wurden heilige Schwüre abgegeben: Niemals werde der Euro zu einer Transferwährung verkommen, kein EU-Land haftet für das andere! Und schließlich: Die EZB werde selbstverständlich niemals in Eigenregie Staatsanleihen aufkaufen.

Als unabhängiger Wirtschaftsexperte habe ich schon damals diese Versprechen nicht für voll genommen und vor dem Euro gewarnt! Weil nun einmal eine Einheitswährung in einem inhomogenen Wirtschaftsraum mit unterschiedlichen Steuern und Löhnen nie und nimmer funktionieren kann. Die meisten Bundesbürger aber sind keine Wirtschaftsexperten, sie haben den Zusagen ihrer scheinbar kompetenten Politiker vertraut, zumal der Euro damals auch von der Opposition abgesegnet wurde.

Die heikle Rolle der Zentralbanken...
Dabei spielen im modernen Turbokapitalismus die Zentral- und Notenbanken sowieso schon eine ganz heikle Rolle. Denn die Zentralbanken haben und nehmen sich das Recht, quasi aus dem Nichts heraus Geld zu erfinden und es den Geschäftsbanken weiterzuverleihen. Die Zentralbanken steuern also die Geldmenge, sie sorgen für Liquidität, wenn man es positiv ausdrükken möchte.

Nach meinem Empfinden wird mit diesem Hoheitsrecht der Zentralbanken das kapitalistische System unterwandert. Denn die Zentralbanken treten quasi als Konkurrenz zu anderen Geldgebern auf. Es ist kein Kunststück, hohe Milliardenbeträge zu einem Jahreszinssatz von 0,25 Prozent zu vergeben, wenn der Staat kein „echtes" Geld dafür einsetzen muss, es sogar nicht einmal mehr zu drucken braucht. Es genügt die elektronische Geldanweisung von einem imaginären Konto, auf dem sich gar keine Einlagen befinden (für das lediglich die Staatsbürger haften müssen).

Mit diesem selbst generiertem Billiggeld tritt die Zentralbank in Konkurrenz zum einfachen Sparer, der für seine Spareinlagen nicht einmal mehr Zinsen in Höhe der Inflationsrate erwarten darf (also schleichend enteignet wird) und sich genötigt fühlt, in höherverzinsliche Anlageformen einzusteigen. Das wiederum treibt die Spekulation, woran unser ganzes Wirtschaftssystem krankt.

Die EZB ist viel gefährlicher als eine nationale Zentralbank
Wenn also bereits eine nationale Zentralbank eine immense Verantwortung trägt

und für den Staat ein Gefahrenpotential darstellt, erreicht eine gemeinsame europäische Zentralbank ganz andere Dimensionen. Die EZB muss die Interessen einer Vielzahl unterschiedlicher Staaten abwägen und vertreten. Das ist ein Ding der Unmöglichkeit! Vollkommen logisch, wenn sie schon nach wenigen Jahren ihre eigenen Grundregeln nicht mehr einhalten kann. Die verzweifelten Regierungen der Eurostaaten zwingen die EZB in ihrer Not zu Maßnahmen, die eine weitgehend unabhängige nationale Zentralbank (wie wir sie in Deutschland hatten) niemals akzeptieren würde.

Das billige Spielgeld der EZB fördert die Ineffizienz!

Wenn die EZB pausenlos billiges Geld in den Wirtschaftskreislauf pumpt, geht letztlich auch jegliche Moral und Rentabilitätsrechnung verloren. Es fließt massenhaft Geld in Projekte, die sich bei nüchterner Betrachtung (und wenn es nur ehrliches „echtes" Geld geben würde) gar nicht lohnen würden.

Die Geisterstädte in Spanien und Irland offenbaren, wie der von den Zentralbanken entfachte Turbokapitalismus die Regeln der Vernunft auslöscht. Überall torpediert das Billigkapital die Gesetze der freien Marktwirtschaft. Leichtfertig vergebene Billigkredite ermöglichen arbeitsplatzvernichtende Automatisierungen, die unter realen Marktgesetzen völlig indiskutabel wären.

Erst die Zentralbanken ermöglichen hohe Staatsschulden!

Was wären die Staaten ohne die fleißigen Dukatenesel der Zentralbanken? Dann wären Neuverschuldungen wesentlich schwieriger und teurer, die Staatenlenker müssten lernen, mit dem Geld auszukommen, das sie an Steuern und Gebühren einnehmen. Mit großzügigen Wahlversprechen müssten sich die Politiker zurückhalten – was finanziell kaum machbar wäre, würde gar nicht erst erfunden. Ohne das Billiggeld der Zentralbanken wäre sicher auch in der BRD einiges anders gelaufen. Viele Gutmenschen hätten zum Beispiel darauf verzichtet, Deutschland zum märchenhaften Multikultistaat für Armutsflüchtlinge aus aller Welt zu verwandeln. Unsere Volksvertreter hätten sich dann mehr an den strengen Aufnahmeregeln klassischer Einwanderungsländer orientiert, die frischen Migranten kaum Sozialhilfen gewähren. Kein Mensch wirft diesen Ländern inhumanes Handeln vor – bei uns hält man es aber immer noch für eine Selbstverständlichkeit, zugewanderten Großfamilien einen Gratisurlaub auf Lebenszeit zu gewähren.

Unser ganzes Weltwirtschaftssystem beruht auf Vertrauen!

Vergessen scheint, dass unser komplexes Welthandelssystem nur so lange funktionieren kann, wie das Vertrauen in die Währungen nicht überstrapaziert wird. Mit Argwohn blicken heute Sparer und Geldanleger auf das undurchschaubare globale Finanzsystem, das sie nicht mehr verstehen können und das sämtliche Ethik und Seriosität vermissen lässt. Nicht ohne Grund ist der Goldpreis derart angestiegen. In einem solchen Umfeld genügt ein einziger Anlass (eine größere Bankpleite zum Beispiel), um urplötzlich eine globale Massenpanik auszulösen. Die Belastbarkeit unseres vernetzten Währungssystems ist nicht berechenbar – aus scheinbar heiterem Himmel kann das Wetter umschlagen und sich allgemeines Misstrauen und Verzweiflung ausbreiten. Wenn wir den Supergau noch verhindern wollen, müssten schnellstmöglich die EZB aufgelöst, nationale Zentralbanken entmachtet, die Verfilzung der globalen Finanzwelt unterbunden und schließlich die Geldmengenvermehrung überschaubar und für den Laien verständlich gestaltet werden.

Könnte Deutschland aus dem Euro wieder aussteigen?

Natürlich könnte Deutschland, wenn es das vorgeschriebenen Prozedere einhält, aus dem Euro-Verbund aussteigen und seine DM wieder einführen. Aber wie würden die Märkte und die anderen Euro-Staaten auf einen solchen Alleingang reagieren? „Die Ratten verlassen das sinkende Schiff" würde es dann sicher heißen.

Deutschland wäre wieder einmal über lange Zeit geächtet und isoliert, seine Waren im Ausland schwerer absetzbar (obwohl das vielleicht ganz heilsam wäre, würde es sich doch endlich von der für Verblendung sorgenden Exportabhängigkeit lösen). Auch die Reaktion der Aktien- und Finanzmärkte wäre schwer berechenbar – wahrscheinlich würde im Anschluss die Gemeinschafts-

währung, wenn nicht gar die EU, ganz auseinanderbrechen.

Diese ungewissen Abläufe lassen erkennen, dass das verbriefte Austrittsrecht für die Euro-Schlüsselländer nicht viel wert ist. Kleineren Ländern wie Griechenland aber steht dieser Weg in jedem Fall offen.

Das Beste wäre der kontrollierte Rückzug ...

Deshalb wäre, um aus der Euro-Falle wieder herauszukommen, meines Erachtens eine allgemeine, langfristig geplante Euro-Auflösung noch die beste aller Möglichkeiten. Würden die Euro-Staaten gemeinsam die Wiedereinführung der alten nationalen Währungen beschließen und zeitig einen geregelten Ausstieg aus dem Euro planen, käme man vermutlich mit einem blauen Auge davon. Der Austritt Griechenlands und anderer in Not geratenen Länder könnte natürlich vorgezogen werden.

Die Finanzmärkte würden bei einem behutsamen Währungswechsel nicht in Panik geraten – die Rückabwicklung wäre kaum aufregender und teurer als zwanzig Jahre zuvor die Einführung des Euro. Aber leider scheint dieses Szenario der Vernunft eher unwahrscheinlich, es fehlt die Kraft und die Courage, gemachte Fehler einzugestehen. Also werden die Finanzmärkte (und Spekulanten) es richten müssen ...

Wenn es nur der Euro wäre ...

Wenn es nur der Euro wäre, der südeuropäischen Schuldenstaaten so schwer zu schaffen macht, wären Finanzhilfen von außen vielleicht noch erfolgversrepchend. Dann könnte man im großen Stile umschulden (niedrigere Zinsen oder teilweiser Schuldenerlass), die in Not geratenen Staaten könnten aus dem Euro austreten, ihre Währungen abwerten und dadurch wieder konkurrenzfähiger werden.

Dennoch wäre es blauäugig zu hoffen, diese Maßnahmen allein würden ausreichen. Denn das Haupthandicap bliebe bestehen: Im globalen Dumpingwettbewerb haben Staaten wie Griechenland, Portugal, Spanien usw. kaum eine Chance, eine konkurrenzfähige Eigenindustrie aufzubauen.

Die Griechen, Portugiesen und Spanier müssten einen Großteil ihrer Konsumartikel wieder selbst herstellen, also die bequemen Importe (die sie sich zum Teil gar nicht leisten können) einschränken. Wie aber soll das geschehen! Der moderne Europäer braucht nun einmal Handys, Com-puter, Flachbildfernseher, Kameras, Waschmaschinen, Kopiergeräte, Spielzeuge, Haushaltsgeräte, Textilien und Schuhe – gegen die marktbeherrschenden Global Player (die vorzugsweise in Billiglohnländern produzieren lassen) ist aber kein Ankommen.

Wie können stark importabhängige Länder ihre ausgestorbenen Industrien wiederbeleben, wo doch die ausländische Konkurrenz übermächtig ist? Die Antwort auf diese Frage wird vielen „Weltbürgern" nicht passen: **Alle Staaten und erst recht die überschuldeten brauchen vernünftige Einfuhrzölle!**

Nur so kann der importierte Dumpingwettbewerb ausreichend unterbunden werden. Denn angemessene Zölle machen eingeführte Waren so teuer, dass sich eine Produktion im Heimatland wieder lohnen kann. Das mächtige Kapital wird quasi ausgetrickst. Die Hersteller können dann nicht mehr ein Land gegen das andere ausspielen und europaweit die niedrigsten Löhne und Steuern erpressen – weil eben der Zoll alle Einsparungen wieder aufheben kann – den Wettbewerb also wieder auf eine faire Basis stellt.

Mit den notwendigen Gründungsdarlehen versehen (evtl. über einen neuen Marshallplan) könnten nach und nach neue Produktionsbereiche regeneriert und erschlossen werden. Warum sollte zum Beispiel Griechenland seine Textilien, Schuhe, Haushaltswaren nicht selbst herstellen, wa-rum soll es besser sein, ein Heer von Untätigen in Form von Arbeitslosen, Frührentnern usw. zu unterhalten? Diesen Unsinn können sich höchstens die reicheren Staaten wie Deutschland und Frankreich leisten (auf Kosten der arbeitenden Bevölkerung).

Selbst im High-Tech-Bereich könnten langfristig neue Fabriken entstehen, zum Teil auch als Niederlassungen der Weltkonzerne. Die Global Player geben doch selbst immer vor, der besseren Absatzchancen wegen vor Ort produzieren zu müssen. Warum also keine Produktionsstätten in den notleidenden Staaten? Angemessene Zölle würden den notwendigen Regionalisierungsprozess stark beschleunigen.

Gewiss: Ein kleinerer Staat wie Griechenland mit seinen elf Millionen Einwohnern kann schlecht alle seine benötigten Konsumartikel und Produktionsmittel selber herstellen. Aber ein kleines Land muss eine akzeptable Quote der Selbstversorgung erreichen und darf nur das einführen, was durch Exporte und andere Leistungen (Tourismus) wieder ausgeglichen werden kann. Ist es zuviel verlangt, die Leistungsbilanz eines Landes auf lange Sicht ausgeglichen zu gestalten?

Zur Renaissance der Zölle gäbe es nach meinem Kenntnisstand nur eine sinnvolle Alternative, nämlich eine konsequente Anhebung der Mehrwertsteuer (vor allem auf Hochtechnologieprodukte und Autos). Aber ein solcher Schritt lässt sich schwerlich umsetzen, weil die Demagogen ein leichtes Spiel haben, jedwede Mehrwertsteueranhebung zu verunglimpfen (zum Verständnis der Reform sind Sachkenntnisse erforderlich, die der empörte Normalbürger selten aufweist).

Die Demagogen würden wie üblich über „die größte Steuererhöhung aller Zeiten" geifern und steif und fest behaupten, diese Maßnahmen träfen nur den kleinen Mann. Mit derart populistischen Verdummungsparolen werden Wahlen gewonnen!

Dabei verhält es sich genau umgekehrt, denn hohe Mehrwertsteuern vor allem auf Industrieprodukte wirken ähnlich wie ein Zoll: sie verteuern die vielen Importe und senken durch diese Staatseinnahmen direkt oder indirekt die einheimischen Lohnnebenkosten (Arbeit wird billiger, Automatisierung teurer). Aber in einer aufgeheizten Proteststimmung der Bevölkerung können sich Vernunft und Logik selten durchsetzen.

Griechenlandhilfe mit Länderfinanzausgleich nicht vergleichbar!

Viele Gutmenschen sehen kein Problem darin, wenn die EU zunehmend zur Transferunion verkommt. „In Deutschland haben wir doch auch einen Länderfinanzausgleich", wird gekontert. Doch hierbei werden wieder einmal Äpfel mit Birnen verglichen. Denn ein Bundesland wie Schleswig-Holstein ist nicht souverän, es kann seine Sozialgesetze nicht den Steuereinnahmen anpassen. Die vom Bund auferlegten Ausgabenverpflichtungen müssen eingehalten werden. Und schwer vermittelbare Langzeitarbeitslose aus dem Süden, die lieber an der Waterkant leben möchten, darf das kleine Bundesland im Norden auch nicht abweisen. Aufgrund der Geschichte, einst bedeutender Bodenschätze, der geografischen Lage und frühstaatlicher Förderpolitik sind die wirtschaftlichen Ballungszentren nun einmal im Westen und Süden Deutschlands entstanden. Als unbedeutende Provinz kann Schleswig-Holstein nur wenig dagegen ausrichten (wäre das Bundesland zwischen den Meeren ein eigenständiger, souveräner Staat, wäre es ein Klacks, die Staatsverschuldung aus eigener Kraft abzubauen).

„Die Banken sind Schuld!"

Um die EU aus der Schusslinie zu nehmen, wird allerorten nach den Schuldigen für die sich immer deutlicher abzeichnende Katastrophe gesucht. Und siehe da – man wurde schnell fündig. Natürlich sind es vorrangig die Geschäftsbanken, aber auch die Wirtschaftslobby kommt nicht ungeschoren davon. Das konnten die Europapolitiker schon immer gut – einfach den Schwarzen Peter anderen zuschieben. Dabei weiß doch jeder (auch der Politiker) dass Banken und Wirtschaft nur die von der Politik aufgestellten Rahmenbedingungen nutzen. Auch die (von mir ungeliebten) Konzerne unterliegen letztlich marktwirtschaftlichen Zwängen: Sie müssen sich am Markt behaupten und zumindest langfristig Gewinne erwirtschaften. Wer den Kapitalismus will, muss dieses Grundprinzip akzeptieren.

Nicht der Kapitalismus ist also das Übel, sondern das, was die Politiker daraus gemacht haben – durch den Abbau der Zölle! Der Abbau der Zölle hat die Marktwirtschaft aus dem Gleichgewicht geworfen und das Kapital ermächtigt, alle Staaten dieser Welt gegeneinander auszuspielen.

Mit dem Abbau der Zölle haben die verantwortlichen Politiker bewährte Spielregeln über den Haufen geworfen und die Lawine des globalen Dumpingwettbewerbs losgetreten. Ergo sind nicht die Banken und die Konzerne die wahren Schuldigen (die nutzen nur die ihnen gewährten Privilegien), sondern die Politiker, die den Zollabbau betrieben haben. Nur in einem einheitlichen Bundesstaat mit gleichen Löhnen und Steuern wären Zölle unnötig und sogar schädlich. Die EU ist aber kein einheitlicher Bundesstaat – also darf man hier auf Zölle nicht verzichten. Übrigens hätte es auch die Bankenkrise 2008 bei funktionierenden Zollgrenzen nicht gegeben. Weil die Banken dann weniger Zwang verspürt hätten, sich international aufzustellen.

Beispiel Portugal ...

Am Beispiel Portugals lässt sich die Problematik recht gut veranschaulichen: Durch den Eintritt in die EU kam es in Portugal zunächst zu einem wirtschaftlichen Aufschwung, weil Portugal damals im Vergleich zu den anderen EU-Staaten mit moderaten Löhnen aufwarten konnte. Doch später traten die östlichen Billiglohnländer der EU bei – und Portugals Industrie erwies sich dann als nicht mehr konkurrenzfähig.

Um wieder Boden gut zu machen, müssten in Portugal die Löhne deutlich abgesenkt werden. Aber das kann ersthaft keiner wollen! Warum soll die Menschheit einer steten Lohnabwärtsspirale folgen? Nur weil unsere Politiker stur an ihrer gescheiterten Freihandelsphilosophie festhalten?

Demonstranten schimpfen auf Banken und Konzerne, auf Deutschland oder auch auf das „System" ohne zu definieren, was sie damit überhaupt meinen. Viele von ihnen vertrauen weiter der EU, ohne zu ahnen, dass genau dort die Kardinalfehler des „Systems" verborgen liegen.

Kapitel VI

Fazit –
Brauchen wir die Europäische Union?

Seit 60 Jahren wird an der EU herumgebastelt und immer noch weiß man nicht, welche Ziele eigentlich verfolgt werden sollen. Es gibt keine Einigkeit, keine konkreten Vorstellungen und nicht einmal eine ernsthafte Diskussion darüber.
Seit 60 Jahren wird gemauschelt, hinter verschlossenen Türen verhandelt und die Bevölkerung vor vollendete Tatsachen gestellt. Was nun ist bei diesem undemokratischen Durchmarsch herausgekommen? Können die Europäer stolz sein auf das Erreichte, haben sich die Hoffnungen erfüllt, wurden die Versprechen eingehalten?

Es reicht!

Ein europäisches Volk gibt es nicht. Aber europabegeisterte Politiker haben tatsächlich geglaubt, man könne eine europäische Identität erzwingen und von oben verordnen.

Die Mehrheit der Bürger aus den EU-Gründerstaaten hat genug von den salbungsvollen Versprechen und Verheißungen, die sich allesamt nicht erfüllt haben. Die EU sollte für Fortschritt, Sicherheit und Wohlstand stehen und wurde verkauft als einzig mögliche Antwort auf die um sich greifende Globalisierung.

Die Bürger haben sich über Jahrzehnte hinweg vieles einreden lassen und ihren eigenen Leuten in der Regierung vertraut — nun müssen sie erkennen, dass sie auf Sprücheklopfer hereingefallen sind. Die vollmundig angekündigten Erfolge sind nicht eingetreten, nicht einmal der Status quo konnte gehalten werden, die wirtschaftliche Lage in Europa scheint heute aussichtsloser denn je. In dieser verfahrenen Situation werden aber immer noch keine Grundsatzfehler eingestanden, sondern frech behauptet, ohne EU wäre alles noch viel schlimmer gekommen.

Mit der EU wurde ein Moloch genährt, dessen anonyme Machtsysteme den Bürgern bis heute unverständlich blieben. Immer deutlicher zeigt sich, dass ein Vielvölkerstaat und eine echte Demokratie irgendwie nicht zusammenpassen, dass die Selbstentmachtung der nationalen Regierungen mit einer schleichenden Entdemokratisierung einhergeht. In diesem Europa entscheiden nicht mehr die Bürger, was gut für sie ist, sondern EU-Technokraten haben das Sagen.

Selbst für Experten ist der EU-Beamtenapparat längst nicht mehr durchschaubar oder gar kontrollierbar. Mit einer Unmenge von sich ständig aktualisierenden Verordnungen, jährlich etwa 800.000 Seiten, werden die nationalen Politiker erstickt. Wie soll ein Staat einen solchen Aktenberg aufarbeiten und verdauen? Bei dieser Papierflut wundert es nicht, dass auch Verordnungen durch die Prüfungsinstanzen gewunken werden, die eindeutig den eigenen Staatsinteressen widersprechen.

In ihren Sonntagsreden sprechen die Politiker immer wieder vom notwendigen Bürokratieabbau — und dann lassen sie es zu, dass das Land von Brüsseler Diktaten regelrecht zugemüllt wird.

Wie gefährlich diese unbändige Regulierungsmaschinerie geworden ist, erkennt man beispielhaft an der EU-Verfassung. Auf dem Weg zur Abstimmung im deutschen Bundestag im Mai 2005 wurden einige Abgeordnete von Journalisten gefragt, ob die neue Verfassung denn auch die Möglichkeit von Volksabstimmungen vorsehe. Es hagelte falsche Antworten.

Wenn die Abgeordneten sich dabei wenigstens noch unsicher oder unwissend gezeigt hätten. Aber nein, sie plapperten ungeniert und selbstbewusst irgendeinen

Schwachsinn daher. Fazit: Selbst bei dieser wichtigen Schicksalsfrage wussten vermutlich die meisten Volksvertreter nicht einmal, über welche Inhalte sie überhaupt abstimmen. Vielleicht war das von den EU-Strategen auch so gewollt. Denn hätten alle die Verfassung vorher gelesen, wäre sie im Bundestag womöglich gescheitert. Bedeutete doch die Verfassung für die Abgeordneten eine weitere Selbstentmachtung zugunsten eines weitgehend undurchschaubaren Brüsseler Machtapparates.

Nochmals: **Reiseerleichterungen**
Rational betrachtet stehen auf der Habenseite der EU heute nur noch wenige Pluspunkte. Verzweifelt wird versucht, alle Aufmerksamkeit allein darauf zu lenken. Da sind zunächst einmal die Reiseerleichterungen, die immer wieder ins Feld geführt werden. Natürlich erweisen sie sich als angenehm. Aber bezogen auf den Gesamtkomplex der EU sind die abgeschafften Grenzkontrollen nur unwichtige Annehmlichkeiten, die zudem auch noch ihren Preis haben. Denn die Hauptnutznießer der grenzenlosen Freiheit scheinen doch zunächst einmal Kriminelle, Illegale und Schmuggler zu sein. Was hat sich denn für den Normalurlauber und Grenzgänger gegenüber früher groß verbessert? Ist es nicht so, dass man vor dreißig Jahren auch schon ins Ausland reisen konnte? Wozu also diese Feierlaune?

Dämonisierung des Weltfriedens
Das zweite abgenutzte Lieblingsargument betrifft den Frieden. Die EU, so die Theorie, sorgt dafür, dass alle Europäer sich gegenseitig lieben und wertschätzen. Aber in welcher Wirklichkeit leben wir? Die Wohlstandsunterschiede und existentiellen Überlebenskämpfe in der EU sind nun wirklich nicht der Stoff, aus dem eine neue gemeinsame Identität zusammengeschweißt werden kann.

Nein, dieses ganze Geschwafel von der Sicherheit und dem Frieden, den wir allein der EU verdanken können, halte ich für eine bodenlose Heuchelei und eine Tatsachenverdrehung. Dass es glücklicherweise in den letzten 60 Jahren keine Kriege zwischen den großen EU-Ländern gegeben hat, hängt doch wohl eher damit zusammen, dass die Europäer aus den verheerenden Weltkriegen gelernt haben, dass eine Versöhnung stattgefunden hat, dass die Macht- und Eroberungsideologie passé ist, dass es zu einer Nato-Bündnisbildung kam, dass Atomwaffen die totale Vernichtung ermöglichen und deren Einsatz mit ziemlicher Sicherheit für jeden Aggressor einen kollektiven Selbstmord heraufbeschwören würde, dass wir heute in einer aufgeklärten Informationsgesellschaft leben usw.

Den 60-jährigen Frieden auf das Konto der EU verbuchen zu wollen, grenzt an Volksverdummung. Außerdem sei daran erinnert, dass die EU sich ja erst in den letzten zwanzig Jahren so dramatisch verändert hat – in den fünf Jahrzehnten zuvor gab es aber auch keinen europäischen Krieg. Was ist das bloß für eine EU, die ihre hauptsächliche Reputation aus anmaßenden Behauptungen speist?

Fallen einem noch weitere Pluspunkte für die EU ein? Man muss schon grübeln, um dann vielleicht noch auf so schwammige Begriffe wie Völkerverständigung usw. zu kommen. Aber bei aller Freundschaft – sind das nicht auch wieder hohle Sonntagsphrasen. Haben wir zur USA, der Schweiz oder Japan ein schlechteres Verhältnis als zu Polen oder Griechenland? Nicht nur die Griechen sind inzwischen stocksauer auf die Deutschen, weil sie ihre eigene Regierung nur noch als Marionette wahrnehmen, kontrolliert von der EU und über allem thronend und wachend die deutsche Kanzlerin. Obwohl der deutsche Steuerzahler für Griechenland bürgen und vermutlich auch zahlen muss, ist er schon wieder der Depp und Buhmann.

Von den vermeintlichen drei Vorteilen (Reiseerleichterung, Frieden, Völkerverständigung), die gerade aufgezählt wurden, bleibt also bei näherer Betrachtung kaum etwas übrig. Was nun als letztes kommt, muss aber leider noch kritischer betrachtet werden.

Die EU – das Bollwerk gegen die Globalisierung?

Schon vor vielen Jahren, nach den Niederlagen bei EU-Referenden und den steigenden Staatsverschuldungen, faselten Brüsseler Spitzenfunktionäre über die großen Chancen, die derlei Krisen bieten. Diese widerliche Schönfärberei <u>belegt einmal mehr den verlogenen Geist der EU</u>. Denn

alles eindeutig Negative wird behende umgepolt und als Erfolg verkauft.

So sehe ich das auch mit dem Paradeargument, die EU sei die einzig wirksame Verteidigungslinie gegen die menschenfeindlichen Kräfte der Globalisierung. Es wird behauptet, nur ein großer Staat oder eine Staatengemeinschaft könne weltpolitisch etwas bewegen, ein einzelner Nationalstaat wie Deutschland sei damit überfordert. Was für eine Anmaßung und was für eine Verdrehung! Besonders empört mich die Tatsache, dass solche dummen Sprüche geklopft werden, obwohl es seit Jahrzehnten bergab geht. Die Importe aus den asiatischen Billiglohnländern steigen wie noch nie, aber immer noch klammert man sich an die These, die Globalisierung werde durch die EU im Zaum gehalten.

Es kristallisiert sich doch leider immer stärker heraus, dass diese EU nicht die Globalisierung aufhält, sondern genau umgekehrt den totalen Freihandel fördert und den Nationalstaaten dringend notwendige Abwehrmaßnahmen erschwert oder gar verbietet. Den Abbau von Zollschranken als Maßnahme gegen die Globalisierung zu verkaufen ist schon oberdreist.

Ein einzelner Nationalstaat wie Deutschland, Griechenland oder Portugal könnte ohne Brüsseler Bevormundung viel schneller und effizienter gegen ein zu starkes Importvolumen einschreiten. Die EU bewirkt so gut wie nichts gegen überhöhte Importe, <u>sie eröffnet stattdessen eine zweite Billigfront gegen die nationalen Volkswirtschaften</u>. Wenn die EU-Strategen heute

Arbeitnehmer aus Ost- und Westeuropa mit völlig unterschiedlichen Lohnkosten gegeneinander antreten lassen, so ist das kaum weniger abartig als der irrationale globale Dumpingwettbewerb. Denn natürlich haben die Arbeitnehmer aus dem Hochpreisland langfristig kaum eine echte Überlebenschance – es sei denn, sie fügen sich einer Lohnabwärtsspirale wie in Deutschland.

In einer solch trostlosen Lage nützt es auch nichts, ständig mit der beschwichtigenden Standardformel aufzuwarten, gerade Deutschland werde wegen seiner hohen Exportquote von der EU und dem Euro profitieren. Unbegreiflich, wie gestandene Politiker unbeirrt steif und fest behaupten, trotz aller Rettungspakete und Transferzahlungen sei der Euro gerade für Deutschland ein riesengroßer Vorteil. Eine seriöse Kosten-Nutzenrechnung wird aber niemals präsentiert. Der Nutzen des Euro ergibt sich hauptsächlich für die Global Player (die ihre Produktion risikolos auslagern können), aber bestimmt nicht für unsere Volkswirtschaft.

Was könnte der Nationalstaat besser?

Ein Staat von der Größe der BRD könnte bestimmt besser seine Interessen wahren, als es eine inhomogene Gemeinschaft aus 27 Ländern mit 23 Amtssprachen vermag. Das Kapital ist bekanntlich an jedem lukrativen Markt interessiert. Jeder Nationalstaat, vor allem einer von der Größe Deutschlands, kann das Kapital zum Herrscher oder Bittsteller machen – es ist nur eine Frage der Politik. Sorgt eine Regierung für eine Besteuerung oder Verzollung bei der Einfuhr, wird die Kapitalmacht ausgehebelt und der Erpressungsdruck schwindet. Entscheidet die Regierung sich dagegen für den totalen Freihandel, der die Hoch- und Niedriglohnländer in einen direkten Preiskampf zwingt, inthronisiert sie das Kapital zum Alleinherrscher.

Gerade Deutschland braucht keine EU

Die realen Gegebenheiten sind wieder einmal mit der abgedroschenen Propaganda unvereinbar. Deutschland ist nicht der Gewinner, sondern der große Verlierer der EU. Denn Deutschland mit seinen 84 Millionen Einwohnern hätte einen größeren Markt überhaupt nicht nötig. Eine solch hohe Bevölkerungszahl erlaubt bereits in fast allen Wirtschaftsbereichen eine kostengünstige Massenproduktion. Vorteile ergeben sich höchstens für kleinere Länder wie Österreich, denn deren Unternehmer können in einem großen EU-Binnenmarkt in lukrativeren Stückzahlen produzieren. Deutschland hat dagegen wenig bis nichts von dieser Erweiterung, weil das, was einige Konzerne an Umsatz gewinnen, in anderen Bereichen durch die stärkere Konkurrenz von außen verlorengeht (wir uns in vielen Belangen nicht einmal mehr selbst versorgen können).

Dagegen lastet gerade auf Deutschland durch die EU ein besonderes Handicap: Ein gemeinsamer Binnenmarkt wie die EU sorgt im Laufe der Zeit für eine Angleichung der Lohnkosten. Das größte Hochlohnland ist davon besonders betroffen, zumal es direkt an die Billiglohnländer angrenzt. Hier steht unserem Land noch viel Ungemach ins Haus, denn es ist ja leider nicht so, dass die Osteuropäer an unser Niveau allmählich herangeführt werden, es wird sich irgendwann ein Mittelmaß einpendeln, das weit unter dem jetzigen deutschen Durchschnittslohn liegt.

Insofern ist es nur verständlich, wenn Deutschland in der EU (und weltweit) lange Zeit bezüglich der Reallohnentwicklung an letzter Stelle stand (inflationsbereinigte Bruttolohnentwicklung von 2000-2008: Norwegen plus 25,1 %, Irland plus 15,2 %, Großbritannien plus 14 %, Frankreich plus 8,6 %, Spanien plus 7,5 %, Deutschland minus 4,5 %).

Zwar wird auch der letzte Punkt propagandistisch umgedeutet und als historische Verpflichtung verkauft. Gerade die ehemaligen Ostblockländer hätten doch unter dem 2. Weltkrieg und der anschließenden Sowjetdiktatur besonders gelitten, ihnen müsste man nun wirklich unter die Arme greifen, heißt es. Das ist vollkommen richtig, da habe ich keinerlei Einwände. Aber es geht um das Wie. Eine Hilfe, die den eigenen Untergang bedeutet, darf nicht als geeignetes Rezept angesehen werden, denn dieser Niedergang schafft neue Missklänge und neue Feindschaften.

Man sieht doch an den asiatischen Tigerstaaten, dass ein subventionierter Binnenmarkt überhaupt nicht notwendig ist, um als Niedriglohnland großen Erfolg zu haben. Hilfe zur Selbsthilfe wäre der bessere Weg – eine Art Marshallplan wie nach dem Kriege, aber in fünffacher Stärke, wäre sicher angebrachter und bezahlbarer gewesen. Griechenland hat in den 28 Jahren vor seiner Staatskrise 120 Milliarden Euro an EU-Subventionen eingesackt. Wo ist das Geld geblieben, welcher wirtschaftliche Aufbau wurde damit finanziert? Offensichtlich ist das ganze Geld im Korruptionssumpf und Konsumrausch versickert. Ein Marshallplan würde da ganz anders wirken!

Der große Binnenmarkt dehnt nur die kapitalistische Herrschaft des Dumpingprinzips weiter aus. Rumänien hat eine fast doppelt so hohe Arbeitslosenquote wie wir, die neuen Investoren erpressen dort die schäbigsten Arbeitsbedingungen und Löhne. So sieht keine echte Hilfe aus. Das Kapital hat sich immer noch als größter Profiteur eines offenen Freihandels erwiesen, diese Systematik werden auch die hehren Ziele der EU nicht umkehren können.

Profitieren wir von Billigimporten?

Zäh hält sich das Vorurteil, der Verbraucher profitiere letztlich von den Billigimporten. Doch die Realität ist eine andere. Denn besonders Markenartikler setzen ungeniert ihre Hochpreispolitik durch. Textilien und Schuhe, im Ausland für 10 Euro gefertigt, werden im deutschen Einzelhandel für 100 Euro feilgeboten. In anderen Bereichen sind die Diskrepanzen noch größer. Hörgeräte, im Billiglohnland für 40 Euro hergestellt, sollen in unseren Läden gar bis zu 1500 Euro kosten.

**Warum gibt es in Deutschland nur
34 Millionen versicherungspflichtige Jobs
(benötigt würden doch 45 Millionen)?**

**Warum kann Deutschland seine 34 Millionen
„echten" Arbeitsplätze nur halten über
gigantische staatliche Subventionen?**

**Wieviele Arbeitsplätze hätte Deutschland
noch, wenn die Reallöhne in den letzten 40
Jahren nicht gesunken wären (sich entsprechend der Produktivität verdoppelt hätten)?**

**Politik & Medien verniedlichen das Arbeits-
losenproblem, weil sonst niemand mehr an
die Heilsthesen vom nützlichen Zollabbau
und der segensreichen EU glauben würde!**

Ein paar Milliönchen Menschen schiebt man in den vorzeitigen Ruhe-
stand, ein paar Milliönchen junger Leute verharren in Warteschleifen,
Praktika, Zweitausbildungen, ein paar Milliönchen Arbeitswillige steckt
man in ABM-Maßnahmen, 1-Euro-Jobs, Minijobs, Kurzarbeit, Altersteilzeit, dann subventioniert man die Wirtschaft mit zigmilliarden Euro,
sorgt für eine sinkende Lohnentwicklung und verkündet voller Stolz,
„wir haben nur noch 2,5 Millionen Arbeitslose (die zum Teil aber völlig ungeeignet sind), es gibt bereits einen Fachkräftemangel".

Wie könnte die EU reformiert werden?

Wer die EU zerschlagen will, der kann eigentlich getrost die Hände in den Schoß legen, denn wenn die EU weitermacht wie bisher, wird sie in spätestens 15 Jahren an ihren eigenen Widersprüchen gescheitert sein.

Es liegt nicht nur daran, dass die EU wirtschaftlich ins Abseits führt, die meisten Europäer wollen sich von diesem undemokratischen Monstrum nicht länger gängeln lassen. Wenn es nicht gelingt, die nachfolgenden Punkte in den nächsten Jahren zu klären und Lösungen herbeizuführen, dann erledigt sich das Thema EU ganz von allein – durch Zerfall oder Selbstauflösung.

1. Einigung über das Ziel

Wie will eine Union Akzeptanz finden, bei der nicht einmal die Ziele offengelegt werden. Soll die EU nur eine wirtschaftliche Union sein, so wie sich die Briten das vorstellten oder will man mehr? Eine echte politische Union, eine neue Supermacht Europa, braucht aber nun einmal die Zustimmung der breiten Bevölkerung. Und die kann nur dann als politisch legitim empfunden werden, wenn ein Referendum darüber europaweit am gleichen Tag unter gleichen Bedingungen stattfindet. Wie gesagt, es gibt kein europäisches Volk und man kann ein großeuropäisches Nationalbewusstsein nicht per Dekret von oben herab verordnen.

2. Gleiches Wahlrecht für jeden Bürger

Eine echte Union erfordert auch eine Gleichbehandlung eines jeden Wählers. Jede Stimme muss gleiches Gewicht haben! Alles andere wäre zutiefst verletzend und undemokratisch. Es ist einfach inakzeptabel, wenn eine luxemburgische Wählerstimme den elffachen Wert hat wie eine deutsche Wählerstimme. Wie soll ein gemeinsames Verständnis und eine europäische Identität entstehen, wenn nicht einmal die einfachsten demokratischen Grundregeln Beachtung finden?

3. Zollschranken zum Schutze der Wirtschaft

Solange es keine politische Union (also einen europäischen Einheitsstaat) gibt, <u>müssen auch innerhalb der EU Importzölle die Lohn- und Steuerunterschiede zumindest teilweise ausgleichen</u>. Ansonsten wird die Industrie allmählich ausbluten (Produktionsverlagerungen in die Billiglohnländer). Aktuelle Beispiele: Griechenland, Portugal, Spanien, Italien, Deutschland – eigentlich alle EU-Staaten mit vergleichsweise hohem Lohnniveau.

4. Auflösung des Euro

Eine Einheitswährung kann nur in einer politischen Union (Einheitsstaat mit gleicher Wirtschafts-, Steuer- und Sozialpolitik) funktionieren, dies haben inzwischen die meisten Politiker verstanden. Doch sie haben Angst vor den Konsequenzen, sie sträuben sich, diese Erkenntnis in die Tat umzusetzen (also den Euro aufzulösen).

5. Abbau der Überbürokratie und Bevormundung

Die EU verfügt bereits über 14.000 Verordnungen und 130.000 Rechtsakte, obwohl die wichtigsten Dinge zur Verhinderung der Steuerflucht noch nicht einmal geregelt wurden. Fast alle Vorschriften halte ich für überflüssig und mit einem liberalen Europa absolut unvereinbar.

Um nicht jeden Paragrafen einzeln durchgehen und auf seine Nützlichkeit überprüfen zu müssen (das würde vermutlich ein halbes Jahrhundert in Anspruch nehmen) scheint es mir das Sinnvollste, einen Neuanfang zu wagen: Sämtliche Vorschriften annulieren und außer Kraft setzen! Die einzelnen Nationalstaaten können dann selbst entscheiden, in wieweit sie diesen Befreiungsschlag weitergeben und ihre eigenen Gesetze entschlacken. Auf jeden Fall erhalten die nationalen Parlamente durch diese Aktion einen Großteil ihrer alten Souveränität und Handlungsfähigkeit wieder zurück.

Fortan sollte die EU nur noch in drei überschaubaren Bereichen regulierend eingreifen dürfen: bei der Steuerharmonisierung, beim Umweltschutz und bei technischen Normierungen (110 oder 220 Volt, metrische Maße oder Meilen und Pfund usw.). Die Angleichung der Steuern (und damit die Unterbindung des Steuerdumpings) bildet die Grundvoraussetzung für alle weiteren Träume von einer wirtschaftlichen oder gar politischen Einheit.

6. Verringerung des Beamtenapparats

Nach der durchgeführten bürokratischen Entschlackungskur, also der Annullierung sämtlicher Brüsseler Vorschriften, könnte der Beamtenapparat von derzeit etwa 40.000 hochbezahlten Mitarbeitern um mindestens 95 % reduziert werden. Die EU darf nicht als elitäre ABM-Maßnahme verstanden werden.

7. Verringerung der Ausgaben

Der Jahreshaushalt der EU muss deutlich abgesenkt werden. Die Subventionspolitik ist in weiten Teilen überzogen und kontraproduktiv, sie verzerrt das Marktgeschehen in unzulässiger Weise. Als Finanzierung sollte als Fernziel hauptsächlich ein fester Anteil an einer europaweiten Flugbenzinsteuer und evtl. Finanztransaktionssteuer dienen. Deutschland würde dadurch um etwa 20 Milliarden Euro jährlich entlastet.

8. Abbau der Subventionen

Sämtliche EU-Förderungen und Subventionen gehören auf den Prüfstand. Es macht keinen Sinn, Produktionsverlagerungen innerhalb der EU mit Investitionshilfen anzuheizen. Zuschüsse sollten auf mittelständische Betriebe in unterentwickelten Regionen beschränkt werden, aber nur, um dort Forschungen und Produktionserweiterungen zu unterstützen (nicht aber, um Produktionsverlagerungen anzustoßen). Betriebe mit mehr als 500 Beschäftigten sollten keine Geldspritzen erhalten, ebenso wie Kapitalgesellschaften. Ziel sollte es also sein, das ursprüngliche Unternehmertum zu fördern, also Persönlichkeiten, die aus eigener Kraft etwas aufgebaut haben und mit ihrem persönlichen Vermögen haften.

Auch EU-Subventionen für Infrastrukturmaßnahmen halte ich für marktverzerrend und abartig. In Danzig wird zum Beispiel gerade für 1,2 Milliarden Euro ein Teil der Kanalisation erneuert – 75 % der Kosten übernimmt die EU, den Rest steuert Polen bei. Auf Hinweisschildern wird diese Großzügigkeit immerhin anerkannt. So wird mit unseren Steuergeldern in Polen für die EU geworben.

9. Streichung der Subventionen für die Landwirtschaft

Auch die EU-Hilfen für die Landwirtschaft müssen kontinuierlich abgebaut werden. Immer noch werden jährlich 50 Milliarden Euro in diesem Bereich umverteilt und zum Teil aberwitzige Resultate damit erzielt. Auch bei Grundnahrungsmitteln dürfen marktwirtschaftliche Prinzipien nicht völlig ausgeschaltet werden. Wer meint, dieser Bereich sei heilig, reale Preise für Nahrungsmittel seien unsozial, ignoriert die umfangreichen Mechanismen unseres Sozialsystems. Man kann nicht hohe Sozialhilfen gewähren, großzügige Kindergelder zahlen, die Lohnsteuern senken und die Sozialabgaben für Minijobber weitgehend abschaffen und dann auch noch die Lebensmittel halb verschenken.

Der Erhalt der eigenen Landwirtschaft sollte den nationalen Parlamenten ein Herzensanliegen sein und keine fremde Hilfe erfordern. Der ruinöse Wettbewerb auf Kosten der Landwirte und die hohen EU-Subventionierungen sind skandalös. Der Staat muss seinen Ernährern Mindestpreise und Abnahmemengen garantieren. Importe sollten nur dann zulässig sein, wenn der eigene Markt in dem Sektor nicht genügend hergibt. Beispiel Michpreise: Staatlich garantierter Abnahmepreis 40 Cent pro Liter, bei Überschreiten der Quote nur noch 20 Cent. Meiereien dürfen erst dann Milch aus dem Ausland hinzukaufen, wenn deutsche Bauern den Bedarf nicht decken können. Zitrusfrüchte usw. können die Großhändler natürlich zu 100 % aus dem Ausland beziehen, weil es hierzulande keine Produktion gibt. Am Angebot im Handel ändert sich also nur wenig, Spezialitäten werden nach wie vor eingeführt, lediglich bei Grundnahrungsmitteln wie Milch, Getreide, Kartoffeln, Rüben, Eiern usw. hat die inländische Produktion Vorrang. Wichtig ist die Existenzsicherung der Landwirte, die schließlich auch Medizinern, Apothekern, Juristen usw. über festgelegte Honorar- und Vergütungstarife gewährt wird.

Darf ein Staat wie Deutschland seine Unabhängigkeit bezüglich der Volksernährung aufgeben und sich allein auf die EU verlassen? Was geschieht im Falle weltweiter Missernten, wenn wir weitgehend auf Nahrungsmittelimporte angewiesen sind?

10. Vereinheitlichung der Steuern

Die EU müsste bei den Unternehmens-, Einkommens-, Vermögens-, Erbschafts-, Mineralöl-, Tabak-, Alkohol-, Spekulations-, Börsenumsatz- und Zinsertragssteuern eine Vereinheitlichung anstreben und binnen zehn Jahren durchsetzen. Wer die Grenzen einreißt, ohne der dadurch erleichterten Steuerflucht zu begegnen, untergräbt die finanzielle Basis der Staaten. Eine Steuer-Unterbietungsmentalität führt das solidarische Prinzip der EU ad absurdum. Wie lange will man es sich noch bieten lassen, dass Firmen allein aus Steuergründen nach Irland oder Österreich übersiedeln, Vermögende ihr Kapital in Luxemburg anlegen und ihren Wohnsitz nach Monaco verlegen?

11. Schutz der Arbeitsmärkte

Der freie Zugang zu europäischen Arbeitsmärkten sollte nur innerhalb der Länder mit angeglichenen Lohnkostenniveaus möglich sein, um Völkerwanderungen und Heimatflucht aus Wohlstandsgründen zu vermeiden. Damit soll auch das Abwerben von im Aufbauland dringend benötigten Fachkräften unterbunden werden.

Deutschland mangelt es <u>nicht</u> (wie immer wieder falsch behauptet wird) an Facharbeitern. Denn zigtausende Facharbeiter verlassen Jahr für Jahr unser Land wegen mangelnder Stellenangebote oder schlechter Bezahlung (bzw. zu hoher Abgabenlast).

Besonders fehlen uns in Deutschland Arbeitsplätze für Geringqualifizierte – auch weil gerade diese bei uns immer wieder einwandern. So wirbt zum Beispiel Polen öffentlich für die Auswanderung ihrer arbeitslosen Bürger. Sie vermelden, in Deutschland gäbe es über eine Million offene Stellen, die meisten davon im Gastronomie- und Dienstleistungsbereich. Arbeitslose Polen hätten bei uns gute Chancen, unter-

zukommen. So werden die Erwerbslosenprobleme von einem Land zum anderen transferiert – zu unserem Nachteil. Das Überangebot an geringqualifizierten Arbeitskräften drückt die Löhne und viele Hartz-IV-Empfänger haben keinerlei Motivation, unter diesen Bedingungen überhaupt eine Arbeit anzunehmen. Eine ausführliche Abhandlung zu diesem heiklen Thema finden Sie in meinem Buch „DAS KAPITAL und der Sozialstaat".

Resümee:

Die Hauptaufgabe einer EU sehe ich also in der Steuerharmonisierung und der Schließung von Steuerschlupflöchern, der Durchsetzung notwendiger Umweltschutzmaßnahmen und der Unterstützung der unterentwickelten Länder. Gerade diese Aufgaben erfüllt die EU nur in geringem Maße.

Umsetzungsprobleme:

Selbst wenn die eine oder andere der elf aufgestellten Forderungen als vernünftig eingestuft werden sollte, stellt sich die Frage, ob sie sich auch umsetzen lässt.

Aber da, meine ich, befinden wir uns in einer komfortablen Verhandlungsposition. Lernen wir doch etwas von den Briten – die wissen, wie man so etwas durchzieht. 30 Jahre wurde den Briten ein von Thatcher erstrittener Rabatt von jährlich 4,6 Milliarden Euro gewährt. Die Verhandlung über die Finanzierung der Haushalte bietet immer noch beste Voraussetzungen, nicht nur zu geben, sondern auch zu fordern. Deshalb halte ich es auch für falsch, Finanzierungszusagen gleich für sechs Jahre abzusegnen. Drei Jahre reichen völlig aus. Der Staat hat schließlich auch keine Einnahmegarantien, es scheint sogar so, dass gerade wegen der wirren Verhältnisse innerhalb der EU die finanzielle Basis so unsicher ist wie nie. Denn schon morgen kann ein weiteres EU-Land mit Steuerdumping und EU-Subventionen ausländische Unternehmen anlocken.

Wenn die EU also von uns 20 Milliarden Euro will, dann müssen auch entsprechende Zusagen her. Wir können es nicht verkraften, jährlich Unsummen an Zwangsabgaben an die EU abzuliefern, um die Auslagerung deutscher Produktionsanlagen voranzutreiben und von der Brüsseler Regulierungswut erstickt zu werden.

Gute Verhandlungspartner sind diejenigen, die die Sachlage fair einschätzen können und wissen, was sie im äußersten Fall geben und fordern können. Gute Verhandlungspartner müssen auch das Scheitern einer Auseinandersetzung einkalkulieren. Wer in die Verhandlungen hineingeht mit der Vorstellung, sich um jeden Preis einigen zu müssen, hat schon verloren. Bislang hieß es immer: „In der EU gibt es keine Einigung, es sei denn, Deutschland zahlt." Dieses Selbstverständnis darf nicht mehr gelten.

„Ein Austritt Deutschlands aus der EU wäre unvorstellbar ..."

Man muss sich doch manchmal schon wundern, welch eingeschränktes Vorstellungsvermögen bei vielen Entscheidungsträgern zu beobachten ist. Da gibt es tatsächlich viele, die zehn Millionen fehlende versicherungspflichtige Arbeitsplätze und stete Reallohnsenkungen als völlig normal ansehen. Alles können sich diese Leute vorstellen, wenn es darum geht, den Wohlstand der Normalbürger zu beschneiden und den Druck auf die Arbeitsplätze zu erhöhen. Aber wenn es um den EU-Austritt geht, dann ist ihre Vorstellungskraft plötzlich blockiert, dann werden sie bleich und stammeln: „Das geht nicht und das darf man nicht, das wäre der Weltuntergang."

Sind diese fanatischen EU-Anbeter nur einseitig gepolt oder sind sie aus finanziellen Gründen nicht mehr objektiv? Ein Austritt aus der EU wäre für kein Land so unmöglich und katastrophal, wie er vom lauten Panikorchester in der Propaganda dargestellt wird. Es wäre wirklich schlimm, wenn sich ein Land dermaßen in eine EU-Abhängigkeit begeben hätte, dass es kein Zurück mehr gäbe. Auch der eingebildete „Vizeexportweltmeister" könnte ohne große Blessuren aus diesem Abgaben- und Vorschriftensumpf wieder heraus, wenn er das denn will. Es muss ja nicht mit einem Gewaltakt geschehen, man kann sich in aller Freundschaft trennen. Auch bei einem baldigen Zerfall der EU, der heute längst nicht mehr so absurd erscheint wie noch vor einigen Jahren, bricht nicht die Welt zusammen, sondern bestenfalls eine märchenhafte Illusion. Also: Bange machen gilt nicht!

Wie konnte es so weit kommen?

Am Anfang des europäischen Vereinungsprozesses stand sicher der gute Wille: Die Gründungsväter der EWG hofften tatsächlich auf eine wohlstandsfördernde und friedensstiftende Zusammenarbeit. Damals, in den 1950er Jahren, war das politische Denken verständlicherweise vom Schrecken des zweiten Weltkrieges geprägt. Mitteleuropa lag noch teilweise in Trümmern, überall fehlten Wohnungen und der Lebensstandard der arbeitenden Bevölkerung lag meilenweit unter dem Niveau der heutigen Hartz-IV-Empfänger. Dass in diesen schweren Zeiten der Gedanke für eine völkerverbindende europäische Wirtschaftsgemeinschaft reifte, darf nicht verwundern. Die 1957 gegründete EWG (bestehend lediglich aus den Benelux-Ländern, Frankreich, Italien und Deutschland) war überschaubar, kostengünstig und mit wenigen Kompetenzen ausgestattet.

Doch im Laufe der Jahre und Jahrzehnte wandelte sich diese recht harmlose EWG zu einem aufgeblähten, unbändigen Monstrum, das so vermutlich keiner der ehemaligen Initiatoren jemals gewollt hatte. Auch den späteren Bundeskanzlern und Regierungen möchte ich keine bösen Absichten unterstellen – sie haben sicher meistens im guten Glauben an eine vermeintlich gute Sache entschieden und gehandelt.

Doch die Verantwortlichen haben zu wenig verinnerlicht, wie sich die Zeiten allmählich wandelten. Aus dem Arbeitskräftemangel der 1950er und 1960er Jahre entwickelte sich eine seit nunmehr vier Jahrzehnten anhaltende Massenarbeitslosigkeit, die nur deshalb erträglich erscheint, weil das System der Bilanzkosmetik ständig perfektioniert wurde und wir an sinkende Nettoreallöhne gewöhnt wurden. Nicht einmal der starke Rückgang der Geburtenrate, der eigentlich zu einem Arbeitskräftemangel mit steigenden Löhnen hätte führen müssen, konnte an dem erschreckenden Phänomen etwas ändern.

Längst hätten die Spitzenpolitiker erkennen müssen (und an den Zahlen ablesen können), dass die EU in ihrer heutigen Dimension alles andere als wohlstandsfördernd ist und es auch nicht sein kann. Im gleichen Maße hat sich das Argument der Friedenssicherung längst erübrigt und ins Gegenteil verkehrt (Afghanistan, Kosovo, Libyen, Syrien, Ukraine).

Der stete Ausbau der EU hinsichtlich der Kompetenzen, der Etats, der Subventionen und die territoriale Erweiterung (Überdehnung) haben aus der einst nützlichen EWG eine unzähmbare Oberherrschaft werden lassen, die den gesamten Kontinent unterjocht und schleichend ins Verderben führt. Steter technischer Fortschritt und Wirtschaftswachstum gehen nunmehr einher mit sinkender Lebensqualität, höheren Versagensängsten, Bildungs- und Arbeitsstress. Depressionen und andere psychische Erkrankungen nehmen zu. Untersuchungen haben ergeben, dass sich die Bundesbürger inzwischen zu den unzufriedensten

Menschen der Welt zählen und sich sogar insgesamt weniger wohl fühlen als Nigerianer.

In der jetzigen verfahrenen Situation ist es zugegebenermaßen schwierig, auf die Bremse zu treten und Einhalt zu gebieten. Es käme einem gefühlten Hochverrat gleich, würde sich die deutsche Regierung von der EU abzunabeln versuchen. Weil die EU inzwischen dermaßen komplex und unüberschaubar ist, gelten die Folgen einer EU-Abkehr als kaum absehbar.

Wie würden die Finanzmärkte reagieren, die Banken, die Realwirtschaft und die Bevölkerung? Nur wenn der Rückzug klappt und alles gutgeht, könnte eine austrittswillige Partei darauf hoffen, auch an künftigen Regierungsbildungen beteiligt zu werden. Dabei ist bei sachlicher Abwägung aber ein „Weiter-so" vermutlich die weitaus riskantere Alternative. Denn dadurch

stauen sich die Probleme immer weiter auf – sie werden nicht wirklich gelöst.

Trotzdem scheint es einfacher und bequemer, das vermeintliche Risiko gar nicht erst anzugehen und weiterhin unverdrossen die Vorzüge der EU und des Euro zu preisen. Zumal die EU für alle Parteien längst zum Hort überaus begehrter Pfründe geworden ist. Wo sonst können so viele verdienstvolle Parteimitglieder in Ehren und hochdotiert Unterschlupf finden? Dieser Postenschacher kommt allen Parteien wie gerufen, wer kann oder möchte darauf verzichten?

Deshalb: Solange ein Volk sich ruhig verhält und nicht durch Unruhen und Demonstrationen eine Abkehr von der EU erzwingt bzw. solange sich hierzulande keine starke Anti-Europa-Partei dauerhaft etabliert, wird sich an der verhängnisvollen Weiter-so-Europapolitik wenig ändern.

Als EWG fing es einmal ganz harmlos und vielversprechend an. Was aber ist daraus geworden, wer kann diese EU noch bändigen?

Letztlich hilft nur die geregelte Auflösung der EU!

Darf man noch hoffen und bangen, die europäischen Regierungen würden eine entscheidende Reform der EU hinbekommen? Die Konstruktion der EU ist dermaßen ineinander verschachtelt und verwoben, dass bei diesem komplexen unbändigen Konstrukt meines Erachtens Hopfen und Malz verloren sind. Ich sehe keinerlei Chance, die Befugnisse der EU auf ein akzeptables Maß zurückzustutzen und Europa aus der Zwangsjacke der Eurokratie zu befreien. Der Moloch hat sich in einem Maße verselbständigt, dass er unkontrollierbar geworden ist! Die EU erinnert mich mehr und mehr an Science-Fiction-Horrorvisionen, in denen intelligente Androiden die Weltherrschaft übernommen haben (natürlich nur zum Wohle und Nutzen der Menschheit).

Deshalb hoffe ich auf Einsicht, <u>vor allem aber auf tabufreie Diskussionen</u>. Es wäre fatal, wenn noch einmal fünf Jahrzehnte vergeudet würden, um versprochenen Träumen und Reformen hinterherzujagen, die sich dann doch immer wieder als Illusionen entpuppen. Der EU wird es nicht besser als dem Euro ergehen: Gegen die Gesetze der Logik helfen keine Wunschvorstellungen und frommen Gebete – nicht einmal der gute Wille manch Beteiligter.

Leider gewinne ich zunehmend den Eindruck, dass prominente Spitzenpolitiker in ihrem abgehobenen Machtrausch sich über die Regeln der Vernunft stellen und meinen, sie könnten Wunder bewirken. Grenzt es nicht bereits an Blasphemie anzunehmen, man könne die Gesetze der Natur und der gottgegebenen Logik so einfach per Dekret aushebeln? Oder sind hier immer wieder Verdrängungskünstler am Werk, die die Realitäten nicht wahrnehmen wollen oder wegen eines übervollen Terminkalenders einfach keine Zeit haben, sich mit den wesentlichen Dingen zu beschäftigen bzw. darüber nachzudenken?

In vierzig Jahren wird die EU nicht mehr existieren, dessen bin ich mir sicher. Entweder gibt es bis dahin eine abgestimmte geregelte Auflösung (aus allgemeiner Einsicht oder infolge des Ausscherens eines der drei großen Gründerstaaten) – oder aber es kommt zum großen Knall (Pleite der gesamten EU, dramatischer Wohlstandseinbruch oder ein verlorener Weltkrieg der „Vereinigten Staaten Europas"). Nach einer apokalyptischen Auflösung der EU verbliebe ein Scherbenhaufen abgewirtschafteter Multi-Kulti-Staaten. Deshalb hoffe ich nach wir vor auf eine baldmögliche geregelte Auflösung, denn die könnte das Schlimmste noch verhindern.

Der Anfang jedenfalls ist gemacht. Wird der Brexit zum sichtbaren Erfolg, werden andere EU-Staaten dem Beispiel Großbritanniens folgen.

Meinungsfreiheit und Meinungsmanipulation

Ein Großteil der Deutschen spricht sich eindeutig gegen die EU und den Euro aus – aber in der Politik und den Medien wird diese Stimmung weitgehend ignoriert.

Haben Sie schon einmal versucht, in Ihrer Tageszeitung einen Leserbrief unterzubringen, der sich gegen die EU richtet oder krasse Propagandalügen korrigiert („die EU beschert uns Wohlstand und Frieden")? Ein solches Unterfangen dürfte Ihnen kaum gelungen sein. Denn ganz gleich was ist und was kommt, bezüglich der Europäischen Union ziehen Politik und Medien an einem Strang.

Was bedeutet parlamentarische Demokratie?

Unter parlamentarischer Demokratie versteht man, dass der Bürgerwille durch die Volksvertreter umgesetzt wird. Doch geschieht dies in unseren Landen?

Wenn beispielsweise die Einführung des Euro von einer überwältigenden Bevölkerungsmehrheit abgelehnt wird, wie kann dann der Bundestag fast einhellig der Abschaffung unserer hochangesehenen Deutschen Mark zustimmen? Sieht so eine parlamentarische, repräsentative Demokratie aus? Wie kann es angehen, dass in unserer Demokratie die bezahlten Berufspolitiker das eindeutige Votum ihrer Wähler ignorieren?

Spielt die Volksmeinung in einer Demokratie nur eine untergeordnete Rolle? Bezüglich der schleichenden Kompetenzabtretung an die EU (inzwischen stammen bereits 80 % unserer Gesetze aus Brüsseler Schreibstuben) tritt man gleichfalls Volkes Wille mit Füßen und selbst bei den immer häufiger geforderten Kriegseinsätzen ist die Bevölkerung nur noch Zaungast (was die Entscheidung betrifft) – im Kriegsgebiet allerdings dürfen unsere jungen Erwachsenen dann vornean marschieren.

Was bedeutet die Pressefreiheit?

Unsere hochgelobte Pressefreiheit bestätigt sich fortlaufend als Recht der Verlagseigner, die Politik in ihrem Sinne zu vermarkten. Wer als Journalist meint, objektiv über die Grundsatzprobleme unserer Zeit berichten zu können (zum Beispiel über den Sinn und Nutzen von Zollgrenzen), wird schnell eines Besseren belehrt.

Schon die Plazierung der Nachrichten stellt in heiklen Fragen eine Zäsur dar. Was den Meinungsmachern genehm ist, kommt in Großaufmachung auf die Titelseite – unwillkommene Nachrichten werden unterschlagen oder verlieren sich in einer kleinen Kurzmeldung im Innenteil.

Der Sonderfall Thilo Sarrazin

Was geschieht mit Menschen, die es wagen, sich gegen den von oben aufgezwungenen Zeitgeist zu stemmen? Die sich zum Beispiel nicht schämen, Bedenken zu äußern hinsichtlich einer ungezügelten Zuwanderung in unsere teuren Sozialsysteme? Erst Thilo Sarrazin gelang es ein wenig, die mächtige Front des amtlichen Schmusekurses aufzubrechen. Aber dieser Erfolg war eher ein Ausrutscher, ein Zufallstreffer (das richtige Buch zur richtigen Zeit) aufgrund einiger mutiger Redakteure, die durch einen ausschnittweisen Vorabdruck den Stein ins Rollen brachten. Der Preis dieses ungewöhnlichen Erfolges: Sarrazin stand fortan unter dem verbalen Dauerbeschuss seiner Gegner, er wurde aufs Übelste verleumdet und benötigte gar Polizeischutz.

Doch hat sein Megaseller letzten Endes etwas bewirkt? Hält die Politik oder die Masse der Medien es nunmehr für nötig, in irgendeiner Form umzudenken? Das Tabuthema wird einfach ausgesessen und durch aktuelle Begebenheiten (Euro-Krise, Fukushima, Mindestlohn) verdrängt.

Das Internet, die außerparlamentarische Opposition?

Das Internet ist das einzige Medium, welches noch nicht von vorne bis hinten von einer meinungsbildenden Obrigkeit durchdrungen wurde. Aber Vorsicht, auch hier sind bereits professionelle Meinungshüter fleißig am Werke. Viele bezahlte Internet-Redakteure oder Lobbyisten mischen sich anonym in private Forendebatten ein. Sie tricksen, wo sie nur können, erstellen im Notfall gegen missliebige Bücher Schmähkritiken oder entwerten bereits vorhandene positive Rezensionen.

Wie könnte man dem Bürgerwillen mehr Geltung verschaffen?

Des öfteren werde ich von EU-Skeptikern gefragt, wie man es anstellen könnte, eine ehrliche EU-Debatte in Gang zu bringen. Leider kenne ich kein Patentrezept. Alle derzeitigen Bundestagsparteien sträuben sich, über den Sinn und Nutzen der EU laut nachzudenken. Und Demonstrationen gegen die EU können nur erfolgreich sein, wenn sie von einer angesehenen Organisation unterstützt werden.

Weil aber Parteien und Medien Tag für Tag und Stunde für Stunde die EU als unwiderruflich akzeptieren, wird von Politikern und Journalisten ein Diskussions- oder Handlungsbedarf auch nicht erkannt.

Sogar die Gewerkschaften versagen in dieser Beziehung. Sie geben zwar vor, für bessere Löhne und Arbeitsbedingungen zu kämpfen, aber dennoch entwickeln sich die inflationsbereinigten Löhne seit Jahrzehnten rückläufig. Sie beklagen diesen Umstand, machen dafür aber die mangelnde Umverteilung oder die Macht das Kapitals verantwortlich. Dass diese Machtfülle sich größtenteils aus dem allgemeinen Zollverzicht speist (Kapitalistisches Ermächtigungsgesetz, Seite 72), wollen oder können sie aus ideologischer Verbohrtheit und wegen internationaler Verbindungen nicht wahrnehmen.

Dabei findet sich selbst unter den Mitgliedern etablierter Parteien eine große Schar von EU-Gegnern. Schön wäre es, wenn diese Leute mutiger werden, auch wenn sie befürchten müssen, von „politisch korrekten" Wortführern gemaßregelt zu werden.

Noch besser wäre es freilich, wenn auch

die Medien sich verstärkt auf eine offene EU- und Euro-Debatte einließen und selbst im Bekannten- und Familienkreis zunehmend die EU und die Zollfreiheit als Wurzel des Niedergangs westlicher Kultur und Wirtschaftsstärke erkannt würden.

Gelingen kann das nur, wenn man im Internet noch mehr als bisher über die EU und deren Folgen diskutiert und die mächtige EU-Lobby demaskiert. Denn eines müssen die EU-Befürworter wirklich fürchten – eine mündige und aufgeklärte Bevölkerung, die nicht mehr auf heuchlerische Standardparolen hereinfällt.

Die Stunde der Erbsenzähler

Um Sarrazin zu Fall zu bringen, wurde sein Werk akribisch durchleuchtet und Zeile für Zeile nach Fehlern durchsucht. Glaubte man eine ungeschickte Ausdrucksweise gefunden zu haben, bot dies den Anlass, Sarrazin unter Generalverdacht zu stellen und ihn als rechtsradikalen Rassisten zu brandmarken.

Aufgebrachte EU-Fans werden versuchen, auch mich oder mein Buch zu diskreditieren und penibel nach einem falschen Wort oder unziemlichen Vergleich suchen, um das Buch dann im Bausch und Bogen verdammen zu können. Es ist die bekannte Strategie schlechter Charaktere, mit Pauschalverurteilungen und Unterstellungen auf den kleinsten Fehler zu reagieren und aus jeder Mücke einen Elefanten zu machen. Dabei ist nicht ein einzelner Satz von Bedeutung, sondern einzig und allein die Summe aller Sätze, also der Gesamtinhalt. Das perfekte, fehlerfreie Buch gibt es eh nicht.

Bei all dem gilt es, das ungleiche Kräfteverhältnis zu berücksichtigen: Wenn den Bürgern ständig von offizieller Seite eingeimpft wird, EU und Euro seien letztlich unentbehrlich, dann müssen die wenigen Gegenstimmen schon deutlich ausfallen, um überhaupt wahrgenommen zu werden. Über Jahrzehnte aufgebaute Vorurteile wird man schwerlich durch blasse, versöhnliche Worte ausräumen können.

Wie dem auch sei: „Nobody is perfect" – und natürlich kann auch mir einmal ein Denk-, Zahlen- oder Schreibfehler unterlaufen sein. Bei der Verworrenheit und Komplexität der sich stetig verändernden EU wäre dies auch kein Wunder. Deshalb meine Bitte: Scheuen Sie sich nicht, mich über einen vermeintlichen Irrtum, gleich welcher Art, zu unterrichten.

Bei aufrichtigem Anliegen bin ich über jeden Hinweis dankbar. Falls sinnvoll, kann schon in der nächsten Neuauflage eine Korrektur erfolgen. Ich bin kein Egozentriker und mir geht es bestimmt nicht darum, irgendwelche persönliche Ansichten durchzuboxen. Wichtig ist mir das Endprodukt, es zählen Wahrhaftigkeit, Objektivität, Verständlichkeit und allgemeiner Nutzen dieses Buches im Hinblick auf unsere Gesellschaft und alle Europäer.

Meine Email-Adresse lautet:
m.mueller@iworld.de

Gibt es eine Lügenpresse?

Manipulieren bzw. verdummen die Medien die Öffentlichkeit?
Hat in den letzten Jahrzehnten eine systematische Umerziehung stattgefunden?

Auch Journalisten sind nur Menschen. Auch sie können irren. Niemand verlangt von ihnen die absolute Unfehlbarkeit. Aber wenn von der Lügenpresse die Rede ist, geht es nicht um verzeihliche Entgleisungen oder Versehen – es geht um den Vorwurf der gezielten Meinungsmanipulation. Darum, dass der Bevölkerung fundamentale Grundsätze ganz bewusst falsch vermittelt werden mit dem Ziel, massiven Einfluss auf existentielle Richtungsfragen zu nehmen.

Im Laufe der Jahrzehnte hat besonders in Deutschland durch gehirnwäscheartige Propaganda eine Umerziehung stattgefunden, die einen äußerst fragwürdigen Wertewandel herbeigeführt hat.

Der souveräne Nationalstaat ist in Ungnade gefallen, er wird vom Establishment und vor allem von linksorientierten Politikern, Intellektuellen und Künstlern verachtet und verhöhnt. Wer sich in unserer ach so liberalen Gesellschaft nicht der künstlich entfachten, antideutschen bzw. antinationalen Bewegung anschließt, wer nicht die politische Vereinigung Europas als Ziel aller Sehnsüchte verinnerlicht, der wird beleidigt, ausgegrenzt, angefeindet und als fremdenfeindlicher Rassist oder Rechtsradikaler verunglimpft.

Ist unsere Gesellschaft wirklich auf Zuwanderer angewiesen?

Dank jahrzehntelanger medialer Dauerberieselung fällt es zum Beispiel niemanden mehr auf, wenn führende Politiker via Fernsehen verkünden, „Unsere Gesellschaft sei nun einmal auf Zuwanderer angewiesen!". Der verhängnisvolle Trugschluss wird leider von einer eingeschüchterten Bevölkerung als unverrückbare Tatsache akzeptiert.

Aber einmal ernsthaft: Warum ist ausgerechnet das dichtbesiedelte Deutschland auf Zuwanderer angewiesen? Sind unsere Straßen und Städte zu leer, gibt es noch immer zu viele unbebaute Wiesen und Wälder? Deutschland ist von der Fläche kleiner als Schweden, hat aber die achtfache Einwohnerzahl. Ist das entschieden zu wenig? Ober glaubt jemand tatsächlich noch an das Ammenmärchen vom Fachkräftemangel, der sich nur über eine kräftige Zuwanderung beheben lässt?

Auch in anderen Grundsatzfragen wird von den Medien selten etwas kritisch hinterfragt. Darf die Rückkehr zur DM in einer liberalen Gesellschaft nicht einmal erwogen werden? Muss man die EU als Transferunion akzeptieren? Muss man die Billiggeldschwemme der EZB, die Null-Zins-Politik, die gigantischen Schuldenerlasse in Kauf nehmen? Ist die Brüsseler Vorschriftenflut unvermeidbar, darf an ihrer marktfeindlichen Subventionspolitik nicht gerüttelt werden? Gibt es zum innereuropäischen und globalen Lohn- und Steuerdumping keine Alternative, wären schützende Zollgrenzen ein Anachronismus, ein Rückschritt oder gar ein abartiges Verbrechen?

Hat sich das Schengener Abkommen, der Wegfall der EU-Binnengrenzen, tatsächlich bewährt? Darf ein Deutscher nicht mehr stolz sein auf sein Heimatland, muss er im ewigen Büßerhemd herumlaufen und tagtäglich über die Medien an die Verbrechen des Hitlerregimes erinnert werden (im vermeintlichen Kampf gegen das Vergessen)? Gibt es eine Kollektivschuld, die sich auf alle Nachfolgegenerationen vererbt – bis in alle Ewigkeit?

Der ultranaive Sozial- u. Rechtsstaat

Allein 800 Millionen der 1,1 Milliarden Afrikaner sehen laut Umfrage ihre Zukunft in Europa (die meisten davon in Deutschland). Können wir die alle aufnehmen? Oder können wir zumindest 10 Prozent, also 80 Millionen, hierzulande integrieren?

Ist es tatsächlich so, dass jeder Erdenmensch das Recht hat, in Deutschland Asyl zu beantragen, wie unserer Bevölkerung von höchster Stelle eingeredet wird? Und wenn das so ist, darf das Asylrecht selbst dann nicht abgeändert oder abgeschafft werden, wenn die Widersprüche unseres kontrovers interpretierbaren Grundgesetzes geradewegs in den Abgrund führen?

Warum wird von der Politik und den Medien unsere Verfassung ständig als unverrückbares, göttliches Heiligtum verkauft – wo sie doch von fehlbaren Menschen ersonnen wurde und die Lebensverhältnisse

kurz nach dem verlorenen 2. Weltkrieg ganz andere waren als heute?

Wie handlungsunfähig unser Rechtsmittelstaat inzwischen geworden ist, zeigt der klägliche Umgang bei der Abschiebung abgelehnter Asylbewerber: Unsere Exekutive ist hoffnungslos überfordert und steckt in der Zwangsjacke einer ultraliberalen (weltfremden) Legis- und Judikative.

„Deutsche verschließen die Augen vor der Wirklichkeit!"

Ausländische Beobachter werfen den Deutschen oft eine realitätsferne Wahrnehmung vor. Sie haben erkannt, dass Deutschland nicht das Sozialamt dieser Welt sein kann und auch kaum imstande sein wird, die zahlreichen globalen Kriegs- und Krisengebiete zu befrieden oder zu reformieren.

In unseren Medien und im Bundestag hat sich diese simple Einsicht leider noch nicht so richtig durchgesetzt. Da wird gerne so getan, als könne Deutschland wie durch Zauberhand in Afrika, Asien und Südamerika die brutalen Diktaturen beseitigen, die allgegenwärtige Korruption beenden und einen rechtsstaatlichen, demokratischen Sozialstaat nach dem anderen etablieren. „Man müsse doch endlich die Flüchtlingsursachen bekämpfen" heißt es immer wieder anmaßend und vorwurfsvoll.

<u>Die Demokratie lebt von der Gegenrede</u>

Nach allgemeiner Auffassung lebt die Demokratie von der Gegenrede. Das sieht ein Gutteil der deutschen Politiker, Journalisten und Redakteure offenbar ganz anders.

Das Kapitalistische Ermächtigungsgesetz

Über das wichtigste wirtschaftspolitische Prinzip wird leider nicht öffentlich diskutiert: Wie kommt es überhaupt, dass das Kapital so viel Macht hat und sowohl die Menschheit als auch die Staaten dieser Welt ausbeuten und gegeneinander ausspielen kann?

Die Antwort ist verblüffend einfach: <u>Allein der Abbau der Zölle vollbrachte dieses „Wunder"</u>. Die Systematik ist schnell erklärt: Bei angemessenen Zöllen (wie man sie früher ja hatte) lohnen sich Produktionsverlagerungen ins Ausland nicht. Wenn beispielsweise ein Waschmaschinenhersteller seine Fabriken von Deutschland nach Polen verlegt um Lohnkosten und Steuern zu sparen, kann der Einfuhrzoll sämtliche Einsparungen zunichte machen. Mitsamt der zusätzlichen Transportkosten wären die in Polen produzierten Waschmaschinen am Ende teurer als die im Inland gefertigten Konkurrenzangebote. Der Absatz des abtrünnigen Herstellers würde hier also einbrechen, er könnte in Deutschland kaum noch Geschäfte machen.

Fazit: Bei angemessenen Einfuhrzöllen sind die Hersteller gut beraten, in dem Land zu produzieren, in dem sie die Waren verkaufen möchten.

Der Abbau der Zölle innerhalb und außerhalb der EU bedeutet letztlich eine Machtumkehr:
<u>Werden angemessene Zölle erhoben, halten die Regierungen das Heft in der Hand und die Arbeitnehmer können nicht ausgebeutet werden.</u>
<u>Entfernt man die Zollschranken, entwickelt sich das genaue Gegenteil, das Kapital und die Konzerne haben dann das Sagen.</u>

Alle unsere Probleme resultieren aus dieser Machtumkehr!

Die gigantische Staatsverschuldung, der Abbau einstiger sozialer Errungenschaften, die rückläufige Entwicklung der realen Arbeitseinkommen sind letztlich nur die logischen Folgen des Zollabbaus. Kein Wunder also, dass das Kapital mit allen Mitteln diese Machtumkehr herbeigeführt hat. Es darf deshalb auch nicht überraschen, dass die kapitalistisch ausgerichteten Verlage und Medienanstalten die EU und die Globalisierung (also den zollfreien Welthandel) glorifizieren. All diese Nutznießer fürchten nichts so sehr wie eine Debatte über die Wiedereinführung der Zölle oder ähnlich greifender Maßnahmen, wie zum Beispiel die Erhöhung der Mehrwertsteuer.

„Raus aus der EU" - Teil II

Die Ukraine sollte unbedingt Mitglied der Europäischen Union und damit auch der Nato werden. Hätte es die Ukrainekriege überhaupt gegeben, wäre die EU gar nicht existent?

Wie konnte es überhaupt zum Ukrainekrieg kommen? Entstand er aus dem Nichts? Oder aus der Laune eines gelangweilten russischen Despoten?

Um nicht missverstanden zu werden: Der folgende Text soll die Handlungsweise Putins keineswegs rechtfertigen, sondern lediglich ein wenig mehr Neutralität in die Debatte tragen. Mit den üblichen einseitigen Schuldzuweisungen und unserer anerzogenen westlichen Betrachtungsweise werden wir die Menschheitsprobleme nicht lösen und aus der Geschichte niemals lernen. Denn auch der Ukrainekrieg 2022 war vorhersehbar.

Zunächst einmal: Hat die Ukraine ein Anrecht darauf, Mitglied der Nato und der Europäischen Union zu werden?

Fast alle Leute, die der pausenlosen westlichen Propagandamaschinerie ausgesetzt sind, halten die Selbstbestimmung und freie Bündniswahl für ein absolutes Grundrecht. Dabei verdrängen sie aber Sicherheitsgarantien, die 1992 der in Auflösung befindlichen UdSSR gegeben wurden und Voraussetzung für die Akzeptanz aller Seperationsbestrebungen waren (Spiegel Heft 7/22, S. 28). Ohne diese Garantien hätten wir heute ein Russland in den Ausmaßen von 1990, also der ehemaligen UdSSR. Lediglich die kommunistische Diktatur wäre abgeschafft worden.

War es falsch, der UdSSR diese Sicherheitsgarantien einzuräumen?

Ich denke nein, das war ein fairer Deal. Er entsprach zwar nicht den optimalen Vorstellungen einer westlich geprägten globalen Demokratie- und Freiheitsbewegung, aber war doch ein gewaltiger Schritt nach vorn. Es musste jedoch schon damals allen Akteuren klar gewesen sein, dass der territoriale Zerfall ein hohes Konfliktpotential barg.

War der Zerfall des sowjetischen Territoriums ein Glücksfall?

War nicht allen klar, dass die damaligen hastig vollzogenen Abspaltungen spätere Kriege heraufbeschwören könnten? Vor allem, wenn die USA und die Nato sich später an ihre Garantien nicht mehr erinnern bzw. sie durch nachfolgende Abkommen trickreich aushebeln? Was wäre, würden zum Beispiel die Bayern sich aus Deutschland ausklinken wollen, weil sie mit der Bundespolitik nicht mehr einverstanden wären?

Schon der Brexit wurde mit Argwohn betrachtet, man sprach von Betrug und einem

74

Rückfall in die Kleinstaaterei. Man prophezeite, dass ein souveränes Großbritannien nicht existenzfähig sei und im globalen Konzert nicht mehr wahrgenommen werde. Aber für die ehemals abtrünnigen, teilweise mit reichlich Atomraketen bestückten Sowjetrepubliken wie zum Beispiel die Ukraine, Weißrussland, Georgien und Tschetschenien galten diese Vorbehalte seltsamer Weise nicht.

Entwickelte sich die Ukraine seit 1992 erfolgreicher als Russland?
Gab es dort, losgelöst von den Fesseln Moskaus, einen stärkeren Wohlstandsanstieg, weniger Korruption, ein besseres Sicherheitsgefühl? Dies muss man doch wohl verneinen. Die Ukraine hat wenig gemacht aus ihrem Reichtum an fruchtbaren Agrarflächen, bedeutenden Bodenschätzen und gut ausgebildeten Fachkräften. Wegen dieses Versagens (ukrainische Facharbeiter verdienen oft nur ein Zehntel im Vergleich zu ihren deutschen Kollegen), sehen offenbar viele Ukrainer ihr Heil in einer baldigen EU-Mitgliedschaft.

2003 fühlten sich die USA durch Iraks „Massenvernichtungswaffen" (die es gar nicht gab) bedroht. Sie überfielen den Irak und stürzten dessen Regierung. **Galten die USA allgemein als Aggressor? Wurden gegen die USA harte Sanktionen verhängt** *(Handelsboykott, Beschlagnahmung von US-Vermögen usw.)? Wurden dem Irak von Unbeteiligten (z. B. Deutschland) Panzer geliefert, um den Aggressor besiegen zu können? Im völkerrechtswidrigen Irakkrieg starben etwa 40.000 irakische Soldaten und 400.000 Zivilisten. Ist der Westen überhaupt noch in der Lage, neutral zu urteilen? Wären damals gegen die USA Maßnahmen ergriffen worden wie heute gegen Russland, hätte es die Ukrainekriege vermutlich gar nicht gegeben.*

WÄRE DER KRIEG VERMEIDBAR GEWESEN?

Schon vor dem russischen Angriffskrieg hätte Selenskyj die Neutralität der Ukraine bekunden können!

Diese Option aber kam Selenskyj nie in den Sinn. Weil er darauf spekulierte, dass am Ende „die freie Welt" ihm beistehen würde. Was aber ist so schlimm daran, neutral zu sein wie die Schweiz oder Schweden? Waren diese Staaten in den letzten Jahrhunderten mit ihrer echten Unabhängigkeit schlecht beraten?

Ich jedenfalls wäre heilfroh, wäre Deutschland ein neutraler, souveräner Staat ohne Nato- und EU-Mitgliedschaft. Hätte die BRD 1952 das Neutralitätsangebot der UdSSR angenommen, wäre die Wiedervereinigung schon damals erfolgt. Deutschland wäre nicht in eine totale Ex- und Importabhängigkeit hineingerutscht, wäre nicht zum deutschfeindlichen Multikulti-Vielvölkerstaat mutiert, müsste sich heute nicht mit dem Euro und einer die Sparer enteignenden Nullzinspolitik herumplagen und hätte allein an Rüstungsausgaben mehrere Billionen Euro eingespart.

„Von der Ukraine ging doch keinerlei Gefahr für Russland aus!"

Solange sie nicht der Nato angehört, mag das sicher zutreffen. Aber sobald die Ukraine Bestandteil des Nordatlantischen Verteidigungspaktes ist, gelten andere Regeln. Dann könnte auch die Ukraine (wie einst Kuba) mit Atomraketen bestückt werden. Für die USA waren diese Raketen damals eine absolute Horrorvorstellung.

„Aber ein Nato-Beitritt der Ukraine stand doch gar nicht zur Debatte ...

also hat Putin viel zu früh reagiert.". Ja, das Problem ist nur, dass ein solcher Nato-Beitritt auch in einer Nacht-und-Nebel-Aktion durchgezogen werden kann. Es lassen sich sehr schnell vollendete Tatsachen schaffen, die dann kaum noch korrigierbar sind. Der Truppenaufmarsch Russlands an der ukrainischen Grenze wurde leider nicht als letztes Warnsignal verstanden. Selenskyj wollte von einem Neutralitätsstatus nichts wissen und beharrte auf die Nato- und EU-Mitgliedschaft der Ukraine.

Wie viele Tote und Verwundete hätte es gegeben, hätte Selenskyj sich nicht auf einen Machtkampf mit Putin eingelassen?

Vermutlich 0, also gar keine. Hätte Selenskyj seinen Soldaten befohlen, sich nicht zu erwehren, wären Putins Armeen in die Leere gelaufen und hätten lediglich einen wenig schmeichelhaften Pyrrhussieg davongetragen. Auf dieser Basis wäre Putins Handlungsspielraum gering gewesen. Es wäre wahrscheinlich in der Ukraine zumindest für einige

Jahre eine Regierung ans Ruder gekommen, deren Hauptziel nicht mehr die EU- und Nato-Mitgliedschaft gewesen wäre. Aber es hätte für die Ukrainer (und die ganze Welt) vermutlich weit weniger politische Konsequenzen gegeben, als nach einem für beide Seiten sehr verlustreichen, überflüssigen Krieg.

Der Demagoge Selenskyj hat sich leider nicht klug zurückgehalten, sondern sein Volk in einen sinnlosen Krieg hineinmanövriert.

Denn ein Krieg ist nun einmal sinnlos, wenn er ohne fremde Unterstützung nicht zu gewinnen ist. Dänemark hat es im 2. Weltkrieg vorgemacht. Angesichts der drückenden Überlegenheit der deutschen Wehrmacht haben die Dänen auf einen Waffengang verzichtet und auf einen passiven Widerstand gesetzt.

Der Medienprofi Selenskyj hat dagegen mit voller Inbrunst an den Nationalstolz seiner Ukrainer appelliert und den Einmarsch der Russen zum ultimativen Überlebenskampf hochstilisiert.

Wie viele Kriegsgewinnler gibt es, auch in Deutschland? Sind Lobbyisten, die am Krieg prächtig verdienen, wirklich objektive Ratgeber? Wer unbegrenzte Waffenlieferungen und Sanktionen fordert, hat nicht unbedingt ehrbare Absichten.

Wie erzeugt man eine hohe Kampfmoral?

Eine hohe Kampfbereitschaft ist fast immer die Folge einer aufgeheizten nationalen Grundstimmung. Und die wiederum wird erreicht über eine aufwiegelnde Staatspropaganda. Schon Hitlers sozialistische Arbeiterpartei NSDAP nutzte die staatlichen Medien, um seine kriegsmüde Bevölkerung aufzustacheln. Doch trotz aller Dauerbeschallung und Tricks waren auch 1939 fast alle Deutschen über den Kriegsausbruch entsetzt. Nur ein kleiner Teil seiner insgesamt 15 Millionen eingesetzten Soldaten meldeten sich freiwillig für den mörderischen Kriegseinsatz.

Der ständige Appell an die nationalen Gefühle kann aber noch gesteigert werden: Nämlich mithilfe der Suggestion, „man kämpfe für die Freiheit der Welt". Das gibt einen zusätzlichen Schub bezüglich der Kampfbereitschaft. Letztlich spielt auch noch die Erwartungshaltung eine gewichtige Rolle. Die Hoffnung, mit der nationalen Wehrhaftigkeit eine EU-Mitgliedschaft erzwingen und damit den allgemeinen Lebensstandard deutlich steigern zu können, ist sicher ein bedeutender Motivationsfaktor.

Die recht dürftige Kampfbereitschaft in Russland hingegen lässt darauf schließen, dass der Nationalstolz dort weniger ausgeprägt ist und der russische Durchschnittsbürger sich vom Ukrainekrieg oder der teilweisen Annexion der Ukraine keine nachhaltigen Vorteile verspricht.

Wie hoch wäre die Kampfmoral, wäre die Ukraine ein Multikultistaat wie Deutschland?

In dem in jeder größeren Stadt Menschen aus etwa 100 Nationen leben, auf den Straßen ein lautes Sprachengewirr herrscht und 40 % der bundesweiten Gesamtbevölkerung einen Migrationshintergrund aufweisen? Wer wird für ein solch komisches Gebilde, welches zudem noch einem bevormundenden EU-Dirigismus unterstellt ist, sein Leben riskieren? Wozu auch?

Wie viel Demokratie wird den Deutschen zugestanden?

Was bringt es, alle vier Jahre den Bundestag wählen zu können, wenn die wirklich entscheidenden Dinge (konzern- und aktienfreundliche Politik, Nullzinsdoktrin, Transferunion, Verzicht auf eigene Landeswährung, Aushebelung der Marktwirtschaft usw.) doch über die Köpfe der Bevölkerung hinweg entschieden werden?

In Autokratien wie China gibt es zwar keine Meinungsfreiheit wie in Deutschland, aber die Entscheidungen dort entsprechen fast immer dem Volkswohl. So hat sich der Lebensstandard in China seit 1980 etwa verzehnfacht – während er in Deutschland trotz aller genialer Produktionsfortschritte im gleichen Zeitraum gesunken ist.

Die deutsche Demokratie wird hauptsächlich vom Establishment bestimmt. Die wirklich relevanten Dinge wurden seit Bestehen der BRD zumeist nach Gutsherrenart verordnet. Eine Zustimmung seitens der Bevölkerung erfolgte, wenn überhaupt, über eine staatliche Dauerpropaganda. Vor Parteien, die nicht dem Establishment zuzuordnen sind, wird über das Staatsfernsehen pausenlos gewarnt, sie werden als links- oder rechtsradikal, rassistisch, rückwärtsgewandt oder demokratiefeindlich dargestellt. Ist das die Demokratie, die sich die Ukrainer erträumen?

Wie viele Wahrheiten gibt es?

Die Beurteilung von Zuständen und Sachverhalten ist meistens ein Ergebnis von persönlichen Erfahrungen und medial gelenkten Strömungen. Niemand hat die Wahrheit für sich gepachtet – obgleich Demagogen oder Faschisten gerne so tun, als wären Andersdenkende grundsätzlich dumm oder unbelehrbar. Wenn aber nur noch die Dogmen des Establishments als intelligente Meinung Akzeptanz finden, kann es kaum politische Fortschritte geben. Hitler hat einst seine Macht über die Gestapo und sein Terrorregime abgesichert. Das Establishment zementiert hingegen seine seit 1949 ungebrochene Herrschaft über die Instrumente systematischer Beeinflussung und Umerziehung.

Wie viele Ukrainer wollen wirklich kämpfen?

Wollen wirklich alle ukrainischen Männer ihr Vaterland verteidigen? In unseren Medien wird das gerne so dargestellt. Aber wie viele Ukrainer wären noch in ihrem Heimatland, würde es das strikte Ausreiseverbot für wehrfähige Männer nicht geben? Niemand sollte sich etwas vormachen: Eine hohe Kampfbereitschaft ist zumeist die Folge eines nationalistisch aufgeheizten Patriotismus. Ich möchte nicht wissen, wie viele deutsche Zivilisten (ganz gleich ob Biodeutsche oder Menschen mit Migrationshintergrund) bereit wären, für ihr Vaterland zu kämpfen und zu sterben. Hierzulande führt ja bereits die Verwendung des Wortes „Vaterland" zu Abscheu, Irritationen und Kopfschütteln.

Selenskyj: „Der Krieg muss sich für die Ukraine auszahlen und mit der baldigen EU-Mitgliedschaft belohnt werden!"

Haben die UdSSR bzw. Russland in den letzten 100 Jahren mehr Kriege angezettelt als die USA?

Aus der westlichen Perspektive heraus waren natürlich die Kriegseinsätze der USA alle irgendwie moralisch gerechtfertigt und zur Rettung der freien Welt absolut notwendig. Gab es in unseren „unbestechlichen" Medien bei den vielen Kriegen der USA jemals eine einhellige Verurteilung? Und welche Atomkriege gab es nur deshalb nicht, weil die UdSSR besonnen reagierte (Beispiel Kubakrise).

Eine Groß- oder Supermacht ist grundsätzlich kriegsbereiter (kriegsgefährdeter) als ein kleinerer Staat.

Kleinere Staaten haben gut reden, wenn es um deren Friedenspolitik geht. Dabei haben sie doch eigentlich gar keine Möglichkeit, als Aggressor aufzutreten. Denn sich mit einem größeren Staat anzulegen wäre glatter Selbstmord. Sie haben also naturbedingt eine weiße Weste und können mit Abscheu auf die bösen Völker zeigen, die den Weltfrieden gefährden. Hätte Hitler sich als Napoleon fühlen können, wenn er in seinem Heimatland geblieben und Kanzler von Österreich geworden wäre?

Warum kommt es immer wieder zu den fürchterlichen Kriegsverbrechen?

Es gibt wohl keinen Krieg ohne Kriegsverbrechen! Aber warum? Ich denke, dass manche

Soldaten von den schrecklichen Ereignissen mental überfordert sind und durchdrehen. Wenn Kameraden durch einen Hinterhalt massenweise zerfetzt werden, die Gebeine von Freunden einem um die Ohren fliegen, entstehen fast zwangsläufig extreme Rachegelüste. Vor allem, wenn aufgrund von Heckenschützen und Partisanen sich ein abgrundtiefer Hass gegen die Zivilbevölkerung aufgebaut hat. Zudem gibt es leider in jeder Gesellschaft auch asoziale Perverslinge, die die Gelegenheit nutzen, sich sexuell oder sadistisch austoben zu können.

Hat Herr Selenskyj sich vielleicht verspekuliert?

Hat er vielleicht gemeint, der Westen bzw. die Nato würde der Ukraine mit Hurra beispringen? Hat er gedacht, die Krim zurückerobern zu können, wenn die Nato seinen Luftraum absichert und alle schweren Waffen liefert, die es nun einmal braucht, um Russland zu bezwingen? Oder hat er gemeint, im Kriegsfall würde der Ukraine binnen weniger Monate die EU- und/oder Nato-Mitgliedschaft angeboten werden, gewissermaßen als Belohnung und strategische Absicherung? Es wäre müßig und anmaßend, Selenskjs Handlungsweise ergründen zu wollen.

Welche Rolle spielen die USA im Ukrainekrieg?

Vielleicht hat Selenskyj auch nur die falschen Berater gehabt oder es sind ihm von unbekannter Seite (z. B. den USA) geheime Versprechungen gemacht worden. Denn wegen des Aufmarsches russischer Truppen wusste man lange vorher, wie brisant die Lage war. Dass die Hauptstadt Kiew nicht rasch eingenommen werden konnte lag doch auch nur an den zuvor von den USA gelieferten, supermodernen Abwehrwaffen. Warum haben die USA der Ukraine nicht bereits vor Kriegsbeginn geraten, öffentlich auf eine Nato- und EU-Mitgliedschaft zu verzichten. Dann wäre es zu einer Eskalation vermutlich gar nicht erst gekommen.

Das finanzielle Ukraine-Engagement der USA jedenfalls macht schon stutzig: Die USA will die Ukraine mit 38 Milliarden Euro unterstützen (Stand 10 Mai 2022). Mit dieser ungeheuren Summe lassen sich jede Menge modernster Waffen kaufen bzw. lässt sich der Krieg (das Töten und Morden) ewig in die Länge ziehen. Möchte die USA etwa eine Entscheidungsschlacht mit ihrem Erzrivalen Russland? Soll der Krieg solange dauern, bis Russland finanziell die Luft ausgeht?

Wie kommt es, dass die meisten Regierungen (die immerhin 80 % der Weltbevölkerung vertreten) sich am Ukrainekrieg nicht beteiligen? Weder über Waf-

fenlieferungen noch über Sanktionen? Ist die Sachlage/Schuldfrage doch nicht so eindeutig, wie im Westen dargestellt? Oder handelt es sich bei diesen „Verweigerern" ausnahmslos um ruchlose Schurkenstaaten?

LOHNT ES SICH, WEGEN EINES BÜNDNISWECHSELS UND EINER ANGESTREBTEN EU-MITGLIEDSCHAFT EINEN WELTKRIEG ZU RISKIEREN?

Natürlich war Putin der Aggressor!

Davon will ich keineswegs ablenken. Aber alles nur aus unserem westlich antrainierten Blickwinkel zu betrachten wäre einseitig, arrogant und oberflächlich. Wie kann man die Welt zum besseren verändern und künftige Kriege vermeiden, wenn man sich nicht auch mal in die Position des Gegners hineinversetzt? Putin ist in der aktuellen Situation zwar unbestreitbar der Aggressor (wie viele amerikanische Präsidenten waren das auch?), aber Selenskyj ist in meiner Wahrnehmung eher ein Provokateur als ein Held. Ein Provokateur, der ständig Öl ins Feuer gießt und meint, durch seine Haltung die Nato bzw. den Westen erpressen bzw. instrumentalisieren zu können.

Liste der US-Kriegseinsätze seit 1950 (Auswahl)

1950-1953 Koreakrieg
1958 Libanon
1961 Kuba (Schweinebucht)
1962 Kubakrise
1964-1970 Laos
1964-1975 Vietnam
1965 Dominikanische Republik
1965 Kambodscha
1967 Bolivien

1977 El Salvador
1979 Afghanistan
1982 Nicaragua
1986 Libyen
1991 Kuwait
1992 Jugoslawien
1992 Somalia
1994 Haiti
2001-2021 Afghanistan
2003-2011 Irak
2015 Jemen

Brachten diese US-Kriegseinsätze tatsächlich Friede, Freude, Eierkuchen – waren sie immer moralisch gerechtfertigt (alternativlos)? Dienten sie stets dem Frieden, der Demokratie, dem Selbstbestimmungsrecht der Völker? Haben die westlichen Leitmedien (z. B. unser Staatsfernsehen) diese Militäreinsätze nach den gleichen Kriterien bewertet wie heute den Ukrainekrieg? Oder wurden und werden da gewaltige Unterschiede gemacht? Auffällig ist, dass all diese Kriege nicht auf US-amerikanischen Boden stattfanden, dass also die Zivilbevölkerung der USA die Schrecken eines Krieges selbst nie richtig erlitten hat. Hätten die Amis die gleichen Erfahrungen gemacht wie die Deutschen, Russen, Ukrainer, Franzosen, Polen usw., würde die breite Bevölkerung der USA vielleicht ganz anders über Kriege denken und urteilen.

Die Ukraine – aus dem einen Bündnis raus, in das andere Bündnis rein ...

Ist der angestrebte Bündniswechsel der Ukraine eine Selbstverständlichkeit? Der Westen möchte dies gerne so darstellen. Aber wie war es denn 1962? Die Kubakrise ... Hatten da nicht die USA mit einem Krieg gedroht, sollte die UdSSR tatsächlich auf Kuba eine Atomraketenbasis errichten? Dabei war Kuba ein freies Land, das nicht zuvor Bestandteil der Vereinigten Staaten von Amerika war oder zur Nato gehörte. Im Falle Kubas ging es also nicht, wie bei der Ukraine, um einen Wechsel zum gegnerischen Militärblock. Die Kubaraketen waren vielmehr eine Gegenreaktion auf zuvor in der Türkei stationierte, gegen die UdSSR gerichtete, US-Atomraketen. Alles schon vergessen?

Was wäre, würde Texas, Alaska oder Kalifornien aus den USA ausscheren und sich einem chinesischen oder russischen Bündnis anschließen?

Würde da die US-Regierung gelangweilt und tatenlos zuschauen? Ich glaube das einfach nicht! Die Vorstellung von der nationalen Selbstbestimmung funktioniert doch nur, solange sie unseren eigenen (westlichen) Vorstellungen entspricht.

82

Der Lockruf des Geldes ...

Im Grunde geht es bei dem Ruf nach Freiheit meist nur um Wohlstandsbegierden. Man liebäugelt mit dem System, das einem das komfortabelste Leben verspricht. Würde zum Beispiel eine Supermacht wie China den Texanern glaubwürdig ein doppeltes Einkommen versprechen und die USA im Sumpf eines korrupten Kasinokapitalismus (Nullzinsdogma, konzernfreundliche Spekulantenpolitik usw.) versinken, würden so manche Texaner plötzlich ihre Liebe zu China entdecken. Würden die USA aufgrund ihres Zoll-Freihandelswahns (= Einbindung in das globale Lohndumping) und ihrer ideologisch verteidigten Einwanderungspolitik immer weiter abwirtschaften, Mexiko aber mit einer konträren Einstellung zum reichen Wirtschaftswunderland aufsteigen, wäre auch Mexiko eine Option für die Texaner. Nichts ist beständig! Wer glaubt, die „reichen" Staaten hätten ihren Wohlstandsvorsprung und ihre medial gesteuerten Scheindemokratien auf lange Zeiten abgesichert, denkt zu kurz.

Lösen Bündniswechsel oder das Wohlstands-Nomadentum die Probleme dieser Welt?

Die meisten Menschen zieht es verständlicherweise immer dorthin, wo es gerade am schönsten ist, also in die (mithilfe der Billiggeldschwemme) noch leidlich funktionierenden Sozialparadiese. Aber sind diese Völkerwanderungen wirklich so nützlich und friedensstiftend, wie von vermeintlichen Gutmenschen und dem Establishment immer wieder vorgegaukelt? Nutzt es der Menschheit, wenn man die Opfer korrupter Diktaturen mit offenen Armen aufnimmt und den Despoten damit in die Hände arbeitet? Indem man deren Opposition aufsaugt und so den Reformdruck aus dem Kessel nimmt? Nein! Mit einer solchen Handlungsweise sichert man lediglich das Überleben der Terrorregime. Das ist alles andere als human und friedensstiftend.

Entspringt die Sehnsucht zur EU nicht doch verträumten Wohlstandsgelüsten und der Aussicht auf nie endende, milliardenschwere Subventions-Transferleistungen?

Und wieso meint man eigentlich, die Anbindung an die EU und Nato böte der Ukraine mehr Frieden und Sicherheit? Wäre die Ukraine neutral oder würde sie dem militärischen Einflussbereich Russlands unterstehen, wären weder von Russland noch von der EU militärische Bedrohungen zu erwarten. Würde dagegen die Ukraine zu einem Stützpunkt der Nato, ist es doch nur logisch, dass sich Russland dadurch bedroht fühlt.

Selenskyj wollte die ganze Welt in den Krieg hineinziehen.

Und das hat er teilweise auch geschafft. Mit völlig überzogenen Forderungen und Vorwürfen an die freie Welt ist es ihm gelungen, den Nato-Staaten umfangreiche Waffenlieferungen und Geldmittel abzuringen. Das war ihm aber nicht genug. Er verlangte auch noch den Schutz des ukrainischen Luftraums durch die Nato, obwohl dies einen offenen Kriegseintritt dieses Militärblocks bedeutet hätte. Selenskyj nahm also eine Eskalation zum globalen Atomkrieg in Kauf, um den amtierenden russischen Präsidenten in seine Schranken zu verweisen. Selenskyj beteuerte zwar, so weit würde Putin es in diesem Pokerspiel nicht kommen lassen, Putin würde schließlich einknicken. Aber wenn er doch selbst Putin als geisteskranken Irren darstellt, wie kann er da so sicher sein, wie kann er da einen 3. Weltkrieg ausschließen?

Selenskyj: „Der Krieg in der Ukraine ist nur militärisch zu beenden!"

WIE VIEL WENIGER LEID HÄTTE ES GEGEBEN, HÄTTE ES WÄHREND DES KRIEGES KEINE WESTLICHEN WAFFENLIEFERUNGEN GEGEBEN?

Wie viele Menschen wären nicht ungekommen, wie viele Fabriken, Wohnblocks und Städte wären nicht zerstört worden?
Wie viel weniger Leid hätte es gegeben, wären Waffenlieferungen von Nato-Staaten ausgeblieben und so eine unnötige Verlängerung des Krieges vermieden worden? Wer aus der Geschichte lernen will und sich mit historischen Ereignissen auseinandersetzt, sollte auch derlei Überlegungen anstellen. Blinder Übereifer ist oft kontraproduktiv, auch wenn man das Recht auf seiner Seite wähnt. Mit moralischen Idealvorstellungen lassen sich aufgestaute Konflikte selten lösen.

Wie entscheidend sind ausländische Waffenlieferungen?
Wenn aufgrund staatlicher Propaganda auf beiden Seiten nahezu unbegrenzt Zivilisten zwangsrekrutiert werden können, entscheidet letztlich das zur Verfügung stehende Waffenarsenal über den Ausgang eines Krieges. Das war vermutlich auch das Kalkül Selenskyjs. Mithilfe modernster ausländischer Waffentechnik kann er den Krieg gegen den russi-

schen Aggressor ewig hinausziehen, eine Pattsituation herbeiführen oder sogar gewinnen. Denn ein sich verteidigender Staat ist militärisch gesehen in einer besseren Ausgangssituation. Dessen Soldaten können sich in ihren Stellungen verschanzen, Hinterhalte aufbauen und sogar eine Art Partisanenkrieg führen.

Schon der Zweite Weltkrieg wurde letztlich durch das Ungleichgewicht der zur Verfügung stehenden Mittel entschieden (Waffen, Treibstoffe, Nahrungsvorräte usw.). Dadurch, dass die USA Großbritannien uneingeschränkt mit Waffen versorgten, hatte Hitler seinen Krieg quasi schon verloren und befahl aus lauter Verzweiflung sogar den Einmarsch in die UdSSR, um an dringend benötigte Rohstoffe zu kommen.

Unbegrenzte Waffenlieferungen können einen Weltkrieg auslösen!

Auch wenn sich die Nato nicht direkt am Krieg beteiligt – Waffenlieferungen in Kriegsgebiete sind hochriskant. Vor allem wenn sie es, wie fast alle behaupten, mit einem gefühlskalten, unberechenbaren Aggressor zu tun haben. Deutschland war eigentlich ganz gut mit seiner bisherigen Grundsatzentscheidung gefahren, in aktuelle Krisengebiete niemals Waffen zu liefern. Nun hat man diesen Pfad der Tugend verlassen. Ob dieser Paradigmawechsel klug war, wird sich zeigen (mutig war er jedenfalls). Der Ukrainekrieg wird nunmehr zum reinen Pokerspiel. Hoffentlich geht das gut.

„Die Nato will nicht Kriegspartei werden!"

Welchen Wahrheitsgehalt haben derlei Parolen? Mit der massiven Lieferung von schweren Waffen wurde die Nato bzw. deren Mitgliedstaaten längst zur Kriegspartei. Dies zu leugnen grenzt an Volksverdummung. Auch die Unterstützung der Ukraine durch die militärische Aufklärung (Satellitenfotos) und Beratung verstößt gegen die Prinzipien einer Nichteinmischung. Der Westen steckt in einem Dilemma. Er will um jeden Preis eine Niederlage der Ukraine verhindern, aber nicht als Kriegsteilnehmer gelten. Dieser Spagat lässt sich auf ehrliche Weise kaum bewältigen.

Je länger man den Krieg hinauszögert, desto mehr Leid wird es geben!

Auf beiden Seiten. Jeder zusätzliche Kriegstag bedeutet: Noch mehr Tote, Verwundete, Krüppel, Flüchtlinge, zerstörte Wohnungen, Fabriken, Schulen, Krankenhäuser usw. Erst am Ende des Krieges kann man eine Bilanz ziehen und sehen, ob sich die Waffenlieferungen tatsächlich gelohnt haben. Das Fazit nach dem 2. Weltkrieg lautet: Um den Diktator Hitler loszuwerden, wurden 55 Millionen Menschen geopfert. Ein neuerlicher Weltkrieg würde vielleicht noch ganz andere Dimensionen annehmen.

Wurde die deutsche und europäische Bevölkerung aufgeklärt über die fatalen Folgen, die das Ukraine-Engagement unweigerlich mit sich bringt? Ich denke, es wird da ein ganz böses Erwachen geben.

KÄMPFEN DIE UKRAINER FÜR DIE FREIHEIT DER WELT?

„Wir Ukrainer kämpfen für die Freiheit der Welt!"

So lautet die unaufhörlich wiederholte Botschaft des ukrainischen Präsidenten. Doch wie anmaßend ist eine solche Darstellung? Vor allem, wenn sie verquickt ist mit unerfüllbaren Forderungen, die fast schon wie eine Erpressung oder Nötigung herüberkommen. Die Nato kann den ukrainischen Luftraum nicht absichern, ohne einen 3. Weltkrieg zu riskieren. Was bedeutet die Freiheit der Welt, wenn die Menschheit durch den Einsatz von Atombomben ausgelöscht wird, also gar nicht mehr existiert?

„Wir haben uns für die Demokratie und die Freiheit entschieden!"

Solch pathetischen Sätze des ukrainischen Präsidenten Selenskyj lassen tief blicken. Denn nach Demokratie und Freiheit streben schließlich alle Völker – auch die Russen. Fragt sich nur, wie sich diese Wunschvorstellungen umsetzen lassen und was letztlich dabei herauskommt. Auch weite Bevölkerungsteile nordafrikanischer Staaten und Syrien kämpften für hehre Ziele. Aber was war das Ende vom Lied? Unter dem Deckmantel von Demokratie und Freiheit versuchten andere Diktatoren, sich selbst an die Macht zu putschen.

„Wir kämpfen für Euch!"

Selbst einseitig denkende Selenskyj-Versteher werden einräumen müssen, dass solche Sprüche mehr als anmaßend sind. Die Ukrainer müssen sich nicht aufopfern, um die freie Welt zu retten! Zumal wenn diese vermeintliche Rettung in einen dritten Weltkrieg münden kann. Was wäre so furchtbar daran gewesen, sich militärisch neutral zu erklären, eine EU-Mitgliedschaft gar nicht erst anzustreben (zumal die unsolidarische EU-Transferunion sowieso alles andere als ein Vorbild oder Zukunftsmodell ist) und die russischfeindliche Propaganda in der Ukraine einzudämmen? Das wäre ein echter Beitrag für den Weltfrieden gewesen.

„Die Ukraine ist bereit, für Europa zu sterben!"

Wie ist das gemeint? Nimmt Selenskyj da nicht wieder einmal den Mund zu voll? Hat er überhaupt das Mandat, für 40 Millionen seiner Landsleute zu sprechen? Und verbirgt sich nicht auch bei Selenskyjs Nachsatz, „man wolle jetzt sehen, ob Europa bereit ist, für die Ukraine zu sterben" eine anmaßende, kriegstreibende Forderung? Sollen 500 Millionen Europäer ihr Leben riskieren, damit die Ukraine Mitglied der Nato und EU werden kann? Wo man sowie nicht weiß, wie die Weltlage in 30 Jahren ausschaut, ob es dann überhaupt noch die Europäische Union gibt. Schließlich hat mit der Wiedervereinigung Deutschlands auch vorher kaum jemand gerechnet.

Die Versäumnisse Deutschlands ...

In deutschen Fernsehdebatten reden sich manche Ukraine-Lobbyisten regelrecht in Rage und können sich kaum noch einkriegen, was die Forderungen an Deutschland betrifft. Was Deutschland nicht alles soll und muss, ist kaum noch auszuhalten. Wobei dann auch noch Deutschland die schwersten Versäumnisse vorgehalten werden. Es heißt, die Deutschen seien in der Vergangenheit zu nachsichtig mit Putin umgegangen, wären auf ihn hereingefallen. Dabei kann man das alles auch anders sehen. Der Medienprofi Selenskyj scheint mir ein kaum berechenbarer Provokateur, der den Westen in einen überflüssigen und hochgefährlichen „Freiheitskampf" hineinziehen will. Ich erkenne darin ein großes Maß an Nötigung und Erpressung.

IST DIE EUROPÄISCHE UNION ERSTREBENSWERT FÜR VÖLKER, DIE DIE SOUVERÄNITÄT UND EIGENSTÄNDIGKEIT AUF IHRE FAHNEN GESCHRIEBEN HABEN?

Wieviel Souveränität erlaubt die EU überhaupt?

Lächerlich wenig. Denn Brüssel bzw. die anderen EU-Staaten bestimmen letztlich, wohin die Reise geht. Dabei werden die großen Geberstaaten wie Deutschland durch die Mehrheit der Nehmerstaaten oftmals untergebuttert, wobei auch das undemokratische System der EU eine unrühmliche Rolle spielt (das kleine Malta verfügt zum Beispiel in manchen Gremien über die gleiche Stimmengewichtung wie das bevölkerungsreiche Deutschland). Es ist schon komisch, wenn nationalbewusste Ukrainer meinen, durch einen EU-Beitritt mehr Souveränität und „Selbstbestimmung" zu erlangen.

Welche Selbstbestimmungsrechte genießen denn die Bundesbürger?

Über welche der wirklich relevanten Schicksalsfragen durften sie entscheiden? Etwa über den Beitritt zur EU, die Abschaffung funktionierender Landesgrenzen, die Einführung der Nullzins-Enteignungspolitik, die Umwandlung vom National- zum Vielvölkerstaat? Im Gegensatz zur Ukraine verfügt Deutschland nicht einmal über eine eigene Währung (die unabdingbar ist für eine funktionierende Marktwirtschaft). Gab es für all diese vom Establishment verordneten Kehrtwendungen jemals eine demokratische Legitimation? Gab es über diese schicksalsrelevanten Zukunftsfragen bundesweite Volksabstimmungen? Oder waren sie entscheidende Wahlkampfthemen? Nein! Wo man auch hinschaut, lässt unsere Vorstellung von repräsentativer Demokratie eine solche Einbeziehung der Bürger nicht zu. Unser Gesellschaftsmodell basiert auf einer Überrumpelungstaktik: Die amtierende Regierung ordnet an – und danach (oder auch zuvor) erfolgt eine groß angelegte Umerziehungskampagne, hauptsächlich über das zwangsgebührenpflichtige Staatsfernsehen. Letztendlich läuft das auf eine weitgehende Entmündigung der Bevölkerung hinaus.

Ist der ukrainische Freiheitskampf so gesehen nicht etwas irreal?

Die Ukrainer suchten ihre Freiheit und haben sich aus Russland ausgeklinkt. Und nun streben sie mit Nachdruck eine Brüsseler Oberherrschaft an. Ging es ihnen also nur um einen Bündniswechsel? Ist es angemessen, für diese angestrebte Kehrtwende einen 3. Weltkrieg zu riskieren? Zur Erinnerung: 1962 hatte Kennedy wegen der geplanten Raketenstationierung auf Kuba mit einem solchen Krieg bereits gedroht. Erfolgten die US-Angriffskriege gegen den Irak und Vietnam aus Sicherheitsinteressen oder „zur Verteidigung der freien Welt"? Was den Westen bzw. die USA betrifft, gelten offenbar besondere Regeln und Wertevorstellungen.

Selenskyjs Strategie war von Vornherein darauf angelegt, die Nato und die EU in den Konflikt einzubinden – auch wenn es dadurch zu einem Dritten Weltkrieg kommen sollte.

WELCHE AUSWIRKUNGEN HAT EIN SICH ESKALIERENDER UKRAINE-KRIEG?

Der Ukrainekrieg macht so manche Schurkenstaaten reich!

Er stärkt Ölförderländer, die dann noch mehr Geld haben, Religionskriege zu führen oder den Islamischen Staat oder den islamischen Terror zu finanzieren. Auch diesen Aspekt sollten Selenskyj-Versteher nicht einfach unter den Tisch kehren. Auch die Gutmensch-Bewegung, die Selenskyjs „heroische" Kampfbereitschaft als alternativlos betrachtet und die meint, die Ukraine mit noch mehr Geld und schweren Waffen unterstützen zu müssen, sollte darüber nachdenken.

Welche Folgen wird die große Flüchtlingswelle und die Entvölkerung der Ukraine haben?

Dass es dazu kommt, war vorherzusehen, auch für die ukrainische Regierung. Es fragt sich, ob damit nicht sogar ein strategisches Konzept verfolgt wurde. Denn wenn die EU fünf bis zehn Millionen Flüchtlinge innerhalb weniger Monate integrieren muss, sind selbst die reichen Sozialstaaten schnell überfordert. Also müssten „aufnahmewillige" Staaten schnellstens handeln, wären erpressbar, würden unter dem enormen Druck vielleicht sogar einer sofortigen Nato- oder EU-Mitgliedschaft der Ukraine zustimmen.

Und was wird aus der Ukraine, wenn sie teilweise entvölkert ist und manche ihrer Städte in Trümmern liegen? Was, wenn dann Millionen Russen in dieses Land einwandern und schon nach ein oder zwei Jahrzehnten die Bevölkerungsmehrheit stellen?

Schleuserbanden nutzen die neuerliche Flüchtlingswelle ...

Im Zuge der ukrainischen Flüchtlinge gelangen auch islamische Terroristen mit gefälschten Ausweisen nach Deutschland. Weil man wieder einmal auf ordentliche Grenzkontrollen und eine vorschriftsmäßige Registrierung verzichtet. Wieder einmal wird das Dublin-Abkommen ignoriert und wieder einmal zeigt sich, was der Wegfall von gesicherten Grenzen innerhalb der EU letztlich bedeutet.

Für den Energieumbau fehlt nun das Geld!

Muss Deutschland, Frankreich, Polen usw. Hunderte von Milliarden für zusätzliche Rüstungsausgaben, den Ukraine-Wiederaufbau und ausufernden Flüchtlingshilfen aufbringen, fehlt das Geld natürlich an anderer Stelle. Und wenn die so schrecklich verzahnte globale Wirtschaft wegen unterbrochener Lieferketten und explodierender Rohstoffpreise ins Stocken gerät, fehlen zusätzlich noch Hunderte oder gar Tausende Milliarden an

Steuereinnahmen. Von den daraus resultierenden, extra anfallenden Sozialleistungen einmal ganz abgesehen.

Deutschland ist (wie viele andere westliche Länder) so aufgebaut, dass die Bevölkerung nicht so einfach ihren Lebensstandard innerhalb von Monaten um 20, 30 oder 40 % herunterschrauben kann. Es können jetzt ja nicht alle plötzlich auf ihr Auto verzichten oder in eine kleinere Wohnung umziehen. Also müssen neue Schulden aufgenommen und zunächst am Energiewandel geknappst werden. Man wird so lange wie möglich versuchen, den Leitzins trotz anziehender Inflation im Nullbereich zu belassen (was wiederum verheerende wirtschaftliche Auswirkungen haben wird). Also die Unterstützung der Ukraine kann schon jetzt, obwohl die deutsche Regierung und auch der Westen sich einigermaßen besonnen verhalten haben (den Hauptforderungen Selenskyjs nicht nachgekommen sind), unkalkulierbar teuer werden.

Welche Auswirkungen hat der Ukrainekrieg auf die Wirtschaft Deutschlands?

Lässt sich das überhaupt noch abschätzen? Wenn die Weltwirtschaft, in dessen Abhängigkeit wir uns schon vor Jahrzehnten mit Bravour begeben haben, ins Stocken gerät, wenn wichtige Rohstoff- und Zulieferfirmen als Partner ausfallen, wenn Hunderte Milliarden an zusätzlichen Aufwendungen für die Rüstung, Hilfslieferungen und die Flüchtlingsaufnahme anfallen, wenn die Inflation zu Galoppieren beginnt, wie kann dann noch eine geordnete Zukunftsplanung erfolgen? Man muss hoffen und bangen, dass der wirtschaftliche Abschwung sachte verläuft, Konzerne ihre riskant langen ausländischen Lieferketten verkürzen, viele Politiker die konzernfreundliche Politik einer gewissenhaften Überprüfung unterziehen und endlich doch einmal die globale Zollphobie als weltwirtschaftliches Grundübel anerkannt wird.

„Alice im Wunderland" ist ein Märchen!

Politik und Medien sind sich mal wieder weitgehend einig: Deutschland werde einige Millionen ukrainische Flüchtlinge aufnehmen müssen. Und sie loben ihr Volk wegen der neuerlichen Willkommenskultur. „Alle Bürger stehen voll dahinter!" behaupten sie. Zahlreiche deutsche Hilfsorganisationen holen gar mit eigenen Bussen Behinderte und pflegebedürftige Greise aus ukrainischen Heimen und Krankenhäusern (wird in den Medien oft als nachahmenswertes Beispiel gepriesen).

Und sogleich wird die aufgeheizte günstige Grundstimmung von den Speerspitzen des naiven Gutmenschentums genutzt für Forderungen, die ukrainischen Sonderregelungen auf alle Flüchtende weltweit auszudehnen. Denn auch wer aus dem Kongo oder aus Afghanistan komme, habe schließlich viel Leid erfahren. Deutschland müsse diese Leute unbürokratisch aufnehmen und integrieren. Für die nächsten 30 Jahre kalkuliert man schon einmal 200 Millionen Flüchtende ein, die sich natürlich weltweit verteilen sollen. Aber welches Land bietet die höchsten Sozialleistungen (auch aufgrund knebelnder EU-Diktate)? Welches Land erscheint Flüchtenden wie das Paradies („Wir danken Allah, dass er uns in dieses Paradies geführt hat!")? Deutschland!

Das Töten muss aufhören!

Darüber sind sich wohl alle (auf beiden Seiten) einig. So ist auch ein ewig andauernder Partisanen- oder Abnutzungskrieg keine Option. Es fehlt, so scheint es jedenfalls, die Bereitschaft, unkonventionell zu denken. Wenn der Westen es nur auf eine Pattsituation anlegt, also durch seine Hilfsleistungen auf der einen bei gleichzeitigen Sanktionen gegen die andere Seite einen russischen Sieg unmöglich macht, wird das sinnlose Töten kein Ende nehmen. Eine Problemlösung kann es wohl nur geben, wenn man Selenskyj verdeutlicht, dass die westliche Unterstützung zeitlich begrenzt ist. Begrenzt sein muss, um eine Eskalation zum dritten Weltkrieg (oder einer unkalkulierbaren Weltwirtschaftskrise) zu verhindern.

Ist Deutschland oder ist Europa verpflichtet, die eigenen Lebensgrundlagen zu ruinieren, um die Ukraine in ihrem Freiheitsdrang zu unterstützen?

Dabei sollte man aber nicht die Folgen dieses Beistands verniedlichen. Die Stimmung in der EU wird sich radikal ändern, wenn der gewohnte Wohlstand sich in Luft auflöst. Eines sollte man dabei auch bedenken: Ein abgewirtschaftetes Deutschland würde weder politisch noch militärisch einen großen Einfluss haben. Da wird man dann froh sein, die eigenen Probleme noch halbwegs in den Griff zu kriegen. Frage: Ist die Selbstvernichtung moralisch gerechtfertigt? Um einen Disziplinierungskampf zu führen, der nicht zu gewinnen ist?

Sanktionen: Nur 3 von 47 asiatischen Staaten machen mit!

Ähnlich ist die Situation in Afrika und Südamerika. Auch dort weigern sich fast alle Staaten, sich an Sanktionen gegen Russland zu beteiligen oder gar Waffen an die Ukraine zu liefern. Allein in Asien leben gut vier Milliarden Menschen. Die große Mehrheit der Staaten bzw. der Weltbevölkerung sieht also keinen Anlass, sich in den Ukrainekrieg einzumischen. In unseren Ehrlichmedien wird aber so getan, als gäbe es zur riskanten Politik des von den USA dominierten Westens überhaupt keine Alternative. Bei uns wird behauptet, Waffenlieferungen bedeuten nach dem Völkerrecht keinen Kriegseintritt. Dabei entscheidet doch das Ausmaß der Waffenlieferungen letztlich über Sieg und Niederlage.

Solange der Westen nicht den Unterschied der Sicherheitsinteressen der Großmächte erklärt (z. B. USA/Kuba, Russland/Ukraine), scheinen alle Debatten ziemlich irreführend und einseitig zu sein.

Die Demokratie funktioniert nach dem Prinzip „Brot und Spiele" ...

Wähler entscheiden sich mehrheitlich für Parteien, die ihnen das Meiste versprechen und denen sie zutrauen, den eigenen Wohlstand am ehesten zu mehren. Selbst nach 40 Jahren des schleichenden Niedergangs setzen sie daher noch immer auf die konzernfreundlichen Parteien des Establishments. Auch weil verklärende Statistiken geschickt von der traurigen Wahrheit ablenken, also Erfolge vorgaukeln, die in Wirklichkeit das genaue Gegenteil sind.

Auch in der Ukraine gilt natürlich das altrömische „Brot-und-Spiele"-Syndrom. Politiker und Parteien, die eine Hinwendung zum Westen und eine verheißungsvolle EU-Mitgliedschaft versprechen, werden umjubelt. Doch während der Wahlpropaganda wird leider nicht auf die Tücken der ausgelobten Ziele hingewiesen. Es wird nicht gesagt, welche Risiken mit dem neuen Anspruchsdenken verbunden sind.

Voraussetzung für ein echte Demokratie sind neutrale Staatsmedien ...

Und die gibt es leider nirgends in der Welt (höchstens noch in der Schweiz). Und so ist es quasi schon vorgegeben, dass stets die Parteien des Establishments mit ihren konzernfreundlichen Ansinnen (Nullzinspolitik, Abschaltung der fairen Marktwirtschaft, Bevölkerungswachstum usw.) ans Ruder kommen. Denn die Auswahl und Gewichtung der Meldungen vor allem bei den staatlichen Fernsehnachrichten formt nun einmal eine Gesellschaft, ist der wesentliche Faktor der Meinungsbildung. Am Ende werden hauptsächlich Parteien gewählt, die dem über das Fernsehen herangezüchteten Mainstream entsprechen.

Am deutschen Wesen soll die Welt genesen ...

Denn wir Deutschen sind die Hüter der Moral, der Demokratie, der Bündnistreue, der Gerechtigkeit, der christlichen Nächstenliebe usw. Das meinte schon unser Kaiser Wilhelm. Er hielt es für unabdingbar, der österreichisch-ungarischen Monarchie beizustehen. Und auch heute wissen alle wieder ganz genau, was zu tun ist. Dass wir uns einbringen müssen, die westlichen Ideologien verteidigen müssen. „Deutschland, Deutschland über alles ..." – wie wahr, wie wahr!

Nachtrag 30. April 2022:

Das Ende der Besonnenheit ...

Nun hat die Bundesregierung leider doch dem Druck der Hardliner nachgegeben und eine politische Kehrtwende vollzogen. Sie will schwere Waffen in die Ukraine liefern, ukrainische Soldaten in Deutschland ausbilden und auf russisches Öl verzichten. Laut Völkerrechtlern wäre unser Land damit auch offiziell Kriegspartei. Der ukrainische Botschafter Melnyk spricht davon, dass der Dritte Weltkrieg nunmehr begonnen habe. Dürfen wir unserer Bundesregierung dafür dankbar sein? Können wir stolz darauf sein, dass aus dem vermeintlichen Zauderer Olaf Scholz ein tapferer Krieger wurde? Wir werden es sehen. Bei alledem, was jetzt auf die deutschen Untertanen zukommt, sollte nicht vergessen werden, wer die Saat für den gewagten Sinneswandel gelegt hat: Es waren die Medien (vor allem das Staatsfernsehen), die durch ihre zumeist einseitige Berichterstattung die Bevölkerung aufgewiegelt und Politiker vor sich hergetrieben haben.

Dauerhafte Unterstellungen ...

Woher weiß man eigentlich, dass Putin (wie in den Medien immer wieder behauptet), von einer reibungslosen Eroberung und Vereinnahmung der Ukraine ausging? Woher weiß man, dass Putins Ambitionen weit über die Ukraine hinausgehen und „bekanntermaßen" auch Polen, das Baltikum und den Balkan betreffen? Das sind doch alles pure Unterstellungen, hetzerische Deutungen und Verschwörungstheorien, die das Wahlvolk manipulieren sollen. Oder glaubt jemand ernsthaft, dass Putin seinen Gegnern seine geheimsten Gedanken und Pläne anvertraut hat? Und glaubt man wirklich (auch das wird immer wieder behauptet), dass die angeblich unerwartete Geschlossenheit der Nato Putin zur Kapitulation zwingt?

Olaf Scholz: „Man kann doch nicht verlangen, dass sich die Ukrainer ohne Waffen verteidigen!"

Richtig, Herr Scholz, das kann man nicht und das verlangt auch keiner. Aber etwas mehr Realitätssinn hätte man Selenskyj abverlangen können. Wie konnte Selenskyj meinen, einer militärisch zehnmal stärkeren Weltmacht Paroli bieten zu können? Wie konnte er seine Wähler schon im Vorfeld immer wieder dazu aufstacheln, entgegen allen Abmachungen die EU- und Natomitgliedschaft anzustreben? Selenskyjs Strategie war von Vornherein darauf angelegt, die Nato und die EU in den Konflikt einzubinden – auch wenn es dadurch zu einem Dritten Weltkrieg kommen sollte. Wohl wissend, dass am Ende, gewissermaßen als Belohnung, die EU- und Natomitgliedschaft steht.

**„Aus der deutschen Geschichte ergeben sich Verpflichtungen,
der Ukraine zu helfen!"**

Wenn die ukrainische Staatsführung derlei Forderungen erhebt, sieht man mal wieder, was unsere übers Staatsfernsehen verbreitete Erbschuldideologie und das dauernde Gerede von „unserer historischen Veranwortung" letztlich anrichten. Es wäre tragisch, würden durch unser staatlich zelebriertes Schuld- und Sühnevokabular falsche Hoffnungen genährt. Noch tragischer aber wäre, wenn Deutschland aufgrund seiner Geschichte erpressbar geworden ist und erneut in einen Weltkrieg hineinschlittert.

Nachtrag 15. Mai 2022:

Haben die USA beim Ukrainekrieg Regie geführt?

Nach knapp drei Monaten festigt sich bei mir der Verdacht, dass US-Geheimdienste der ukrainischen Regierung grünes Licht für ihren Widerstand gegeben haben. Mit dem Versprechen, dass man sie in ihrem Kampf großzügig unterstützen werde. Das US-Militär hat sicher genau gewusst, wie veraltet die russischen Waffen größtenteils waren und dass mit modernster US-Militär- und Satelliten-Aufklärungstechnologie Russland in die Knie gezwungen werden kann.

Geostrategisch könnten die USA daraus einen großen Sieg ableiten:

• 1. Die Ukraine, Schweden und Finnland könnten in die Nato integriert werden.

• 2. Die Ukraine könnte mit der EU-Mitgliedschaft und großzügiger Modernisierungs- und Wiederaufbauhilfe belohnt werden (Marshall-Plan).

• 3. Europa könnte von Russland entfremdet und vom russischen Öl und Gas abgekoppelt werden.

• 4. Über Nord-Stream II würde auch keiner mehr reden.

• 5. Deutschland könnte endlich zur Aufrüstung genötigt werden.

• 6. Russland wäre nach der Zurückdrängung nicht nur gedemütigt, sondern evtl. militärisch und wirtschaftlich über Jahrzehnte geschwächt und isoliert.

• 7. Putins Sturz oder ein Machtwechsel wäre denkbar. Es könnte eine Demokratie nach westlichem Muster entstehen.

• 8. Russland wäre keine Supermacht mehr und auch keine militärische Bedrohung für die USA.

• 9. Westliche Moralvorstellungen und Ideologien würden sich weiter durchsetzen.

• 10. Die USA könnten die Wirksamkeit ihrer modernsten Waffentechnologie austesten.

• 11. Nicht nur Russland wäre durch die Kriegswirren über Jahrzehnte geschwächt, sondern ebenfalls die EU-Mitgliedstaaten. Weil diese von den Sanktionen viel stärker betroffen sind als die USA. Die USA unterstützen zwar großzügig die Ukraine mit 40

Milliarden Dollar, aber allein die Aufnahme ukrainischer Flüchtlinge dürfte den EU-Staaten ein Vielfaches kosten. Fazit: Die Vormachtstellung der USA würde weiter zementiert, die EU und Russland wären für lange Zeit keine ernsthaften Konkurrenten mehr (machtpolitisch und wirtschaftlich) und müssten gar mit einer schweren Rezession rechnen.

Angesichts dieser vielen Möglichkeiten darf man sich wohl durchaus vorstellen, dass die US-Administration die Ukraine animiert hat, Russland zu provozieren und nicht klein beizugeben. Ich denke dabei auch an den Deutsch-Französischen Krieg 1870/71. Der schlaue Bismarck hat es tatsächlich hingekriegt, dass Frankreich sich gedemütigt fühlte und als eindeutiger Aggressor auftrat (und den Krieg verlor).

PS: Im Sommer 2010 war ich mit meiner Frau auf einer Ukraine-Busrundreise. Was uns auffiel: Alle Ukrainer, denen wir begegneten, waren ausgesprochen deutschfreundlich (so wie die Russen in Russland). Das ist nicht selbstverständlich, denn zum Beispiel in Polen haben wir es häufig auch ganz anders erlebt.

Aber man spürte in der Ukraine die manchmal dürftige Arbeitsmoral und das fehlende Pflichtbewusstsein. Von unseren zehn verschickten Postkarten kam zum Beispiel nicht eine einzige in Deutschland an (andere Mitreisende hatten das gleiche Problem). An den Straßenbaustellen war es oft so, dass nur zwei Leute arbeiteten, fünf jedoch gelangweilt herumstanden. Juweliergeschäfte mussten von mehreren, mit Maschinengewehren bewaffneten Sicherheitskräften bewacht werden.

Unser Bus wurde einmal von einer Polizeistreife angehalten. Man wollte unbedingt Bargeld, wegen angeblich zu schnellen Fahrens. Einen schriftlichen Bußgeldbescheid wollte man jedoch nicht ausstellen. Schließlich begnügten sich die Polizisten mit ein paar Flaschen Flensburger Bier. In Polen verlief ein ähnlicher Fall nicht so glimpflich. Eine polnische Polizeistreife fing kurz vor der russischen Grenze gezielt ausländische Fahrzeuge ab. Unser Reisebus mit 35 vorwiegend älteren Gästen wurde stundenlang untersucht und festgehalten. Der Busunternehmer musste dann später 1200,- Euro an „Strafe" zahlen.

Unser ukrainische Reiseleiter vermied es, in Gebieten mit russischer Bevölkerungsmehrheit Leute anzusprechen. In den ukrainischen Osten wagte er sich überhaupt nicht. Die gegenseitigen Abneigungen der Russen und Ukrainer erklärte er mit der Hungersnot 1929. Stalin hatte damals den zügigen Umbau der UdSSR von der Agrar- zur Industrienation befohlen. Wegen des dadurch entstandenen Nahrungsmittelmangels mussten die ukrainischen Bauern sämtliche Lebensmittelvorräte abliefern, so dass ihnen selbst nichts blieb. Mindestens 3,5 Millionen Ukrainer verhungerten. Leider lasten immer noch viele Ukrainer diese Verbrechen den russischen Eintreibern und nicht Stalin an. Dabei herrschte unter Stalin ebenso wie unter Hitler der uneingeschränkte Befehlsnotstand. Die Ukraine hat es leider in den letzten 30 Jahren versäumt, den gegenseitigen Hass über aufklärende staatliche Medien und über die Schulen abzubauen. Anstatt auf Versöhnung zu setzen hat sie den Nationalismus geschürt.

Übrigens gestand unser Reiseleiter (ein Geschichtsprofessor) auch, dass die Ukrainer 1992 völlig überrascht waren, als Jelzin ihnen unter der Maßgabe der Nato- und EU-Enthaltsamkeit (der Neutralität) die Loslösung von Russland erlaubte. Wegen der 1000jährigen geschichtlichen Verwurzelung mit Russland hatten die Ukrainer nie und nimmer mit ihrer staatlichen Unabhängigkeit gerechnet.

Laut einer Umfrage der ECFR im Juni 2022 sehen 66 Prozent der Menschen in Deutschland die Verantwortung für den Ukrainekrieg hauptsächlich bei Russland. Verfolgt man jedoch das Staatsfernsehen und die privaten Leitmedien, so müsste man meinen, es seien mindestens 99 Prozent. Denn dort scheint es nur eine Meinung zu geben. Dient diese Einseitigkeit der Deeskalation bzw. der Friedensforschung?

Selenskyjs Wahlsieg beruhte auf dem Versprechen, die Ukraine in die EU zu führen.

Schon bei seinem Amtsantritt am 20. Mai 2019 proklamiert er: „Wir haben den Weg nach Europa gewählt!". Ihm muss damals schon klar gewesen sein, dass dieses Ziel nur zu erreichen wäre über eine Provokation Russlands und einem anschließenden heroischen Verteidigungskrieg (unter Einbindung der Nato-Staaten). Selenskyj beteuerte bei seiner Antrittsrede, „die Unterscheidung zwischen EU-Fans und Russlandfreunden sei Unfug, die gesamte Ukraine habe sich für Europa entschieden". Spricht so ein echter Demokrat – oder doch eher ein ausgebuffter Demagoge mit Allmachtsphantasien, eine Führernatur? Darf man einem solchen Demagogen trauen, auf seine Forderungen und Wünsche eingehen?

Die EU wird zerfallen wie die Sowjetunion und scheitern wie der Kommunismus!

Glaubt jemand wirklich noch, ein unwirtschaftlicher, inhomegener Binnenmarkt, der Zwietracht sät und die Gesellschaften spaltet, wird sich auf Dauer halten können? Glaubt jemand noch an das Hirngespinst einer uneigennützigen Solidargemeinschaft?

Das über Jahrhunderte gewachsene Nationalbewusstsein der 27 Staaten lässt sich nicht ewig verleugnen oder mit propagandistischer Gehirnwäsche auslöschen! Die EU wird in nicht allzuferner Zukunft in ihre Bestandteile zerfallen. So wie die Sowjetunion, Jugoslawien und das Römische Reich.

Blinder Fanatismus und krankhafte Wahnvorstellungen!

Das Volk muss ausbaden, was einstige politische Führer sich ausgeheckt haben und von ihren Jasagern in den Parlamenten abnicken ließen. Aber die Fehler von damals werden immer noch nicht eingestanden, die geistigen Väter der EU und des Euro immer noch verehrt und angehimmelt. Selbst die Medien meiden die Auseinandersetzung und beteuern unbeirrt die Alternativlosigkeit zur EU. Des öfteren liest man in Leitartikeln „dass unser Kontinent zugrunde geht, sollte das Vertrauen zur EU und zum Euro erlöschen". Mit dieser unverhohlenen Drohung will man gutgläubige EU-Bürger einschüchtern. Eine wirklich fiese Masche!

Seit 60 Jahren nun wird der ständigen Forderung nach „mehr Europa" nachgegeben. Hat sich diese Taktik bewährt?

Die Reallöhne sanken, die Arbeitslosenzahlen stiegen! Die inflationsbereinigten Nettolöhne und Renten sind in den westlichen EU-Staaten seit 1980 um ca. 20 % gesunken (obwohl sich die Produktivität verdoppelt hat). Prekäre Arbeitsverhältnisse (Leiharbeit, Scheinselbständigkeit, Mini- und Kurzzeitjobs usw.) nahmen zu und sogar die Zahl der offiziellen Arbeitslosen hat sich dramatisch erhöht (in Deutschland hat sie sich seit den 1962 Jahren verzwanzigfacht). Und immer fallen noch viele Menschen auf das laute Propagandageheul herein im unbeirrbaren Glauben an eine wohlstandsfördernde EU.

Der inhomogene Binnenmarkt funktioniert nicht – jeder Staat muss seine Volkswirtschaft über Zölle schützen können!

Selbst Griechenland könnte einen Großteil seiner Gebrauchsgüter ohne fremde Hilfe herstellen. Warum muss es seine Textilien, Schuhe, Haushaltswaren, Handys, Fernseher, Autos usw. importieren? Könnte Griechenland seine Volkswirtschaft über angemessene Importzölle schützen, käme es auch dort zu einer Reindustrialisierung.

Auch in Deutschland, Frankreich oder England sind die meisten der einst hervorragend aufgestellten Industriebranchen ausgestorben. Man berauscht sich am Erfolg der wenigen verbliebenen Paradedisziplinen und preist die internationale Arbeitsteilung, obwohl diese im höchsten Maße kontraproduktiv ist. Man baut auf den krisenanfälligen Export und unterwirft sich damit ohne Not dem Diktat der Konzerne und dem globalen Lohn- und Steuerdumping.

Gelten in der EU keine Gesetze mehr?

Welchen Wert hat das Dubliner Abkommen, wenn trotz aller Gesetze jährlich Zehntausende Flüchtlinge über sichere Drittstaaten nach Deutschland kommen? Wie nützlich ist das Schengener Abkommen, wenn offenbar die EU-Außengrenzen nicht wirklich geschützt werden können? Was sind die Maastricht-Verträge noch wert, wenn die EZB pausenlos gegen grundsätzliche Regeln und Garantieerklärungen verstößt und die Eurozone zur Transfer- und Schuldenunion verkommt?

70 % der Deutschen wissen nicht, worum es geht!

Laut einer Umfrage wissen 70 % der deutschen Bevölkerung nicht, worum es geht, wenn über Europa geredet wird! Sie haben keinen blassen Schimmer vom tatsächlichen Wert oder Unwert der EU und denken dabei in erster Linie an vermeintliche Errungenschaften (Reisefreiheit, Frieden, gute Nachbarschaft). Dieses Unwissen nutzt die Politik, den europäischen Vereinigungsprozess immer weiter voranzutreiben. Um schließlich behaupten zu können, es gäbe jetzt kein Zurück mehr.

Das Resultat der EU: *(Stand 1. Juni 2022)*
Anstieg der Erzeugerpreise 33,6 Prozent,
Inflation 7,9 Prozent,
Guthabenzins für Sparer 0 Prozent.
Mit Moral, Gerechtigkeit und Rechtsstaatlichkeit hat das alles nichts mehr gemein. Was ist das für eine Union, die nur noch über eine Billiggeldschwemme zu halten ist?

Revanchismus in der EU: Sind die Reparationsforderungen Polens berechtigt?

Polen verlangt von Deutschland 850 Milliarden Euro an Reparationen für die Zerstörungen im II. Weltkrieg. Deutsche Leitmedien greifen dieses leidige Thema immer wieder auf, wobei vornehmlich die polnische Sichtweise zum Tragen kommt. Was soll diese Stimmungsmache? Will man unsere Bevölkerung wieder einmal weichkochen?

Im SPIEGEL (Heft 3/2022) las ich gerade ein doppelseitiges Interview über die polnischen Reparationsforderungen und die Plünderung Polens im II. Weltkrieg. Dabei geht es um das Elend, welches die Polen damals durchleiden mussten. Im Schlusssatz resümiert Ramona Bräu: „Die Deutschen wollten das Land nicht nur ausrauben, sondern seine Bewohner versklaven, umbringen und ihre Kultur zerstören."

Wollten das wirklich „die Deutschen" – oder war es der Wille Hitlers?

Von einer Historikerin erwarte ich da doch etwas mehr Sensibilität. Das III. Reich war letztlich auf eine einzige Person zugeschnitten, nämlich auf den eingebürgerten Migranten Adolf Hitler. Es galt letztlich nur was er wollte und sagte – selbst seine ranghöchsten Vasallen waren nur Marionetten und mussten bei offenem Widerspruch um ihr Leben zittern. „Die Deutschen" wollten keinen Krieg, das ist geschichtlich hinreichend belegt. Sie immer wieder pauschal zu Tätern zu stigmatisieren, scheint mir mehr als ungehörig.

Warum wird das Leid und Elend der Deutschen ignoriert?

Haben die Deutschen nicht gelitten, haben sie es so viel besser gehabt als die Polen? Wer zahlt an Deutschland Reparationen? „Die Deutschen" mussten ihre Kinder in einen verbrecherischen Krieg und damit oft auch in den sicheren Tod schicken. Wollten sie das, taten sie das gerne? Wer tatsächlich aus der Geschichte lernen will, der müsste m. E. einsehen, dass letztlich alle in einen Krieg involvierten Völker in erster Linie Opfer sind.

Wer sind dann die Täter, wer sind die Schuldigen?

Natürlich sind alle, die über den jeweiligen Befehlsnotstand hinaus Verbrechen begangen haben, als Täter einzustufen. Aber solche Täter gab es auf allen Seiten, Gesetzlosigkeit oder Sadismus sind keine typisch deutschen Eigenschaften. Wobei auch die vorausgegangene staatliche Abrichtung/Gehirnwäsche eine Rolle spielt. Wie schuldig ist jemand, der von Kindesbeinen an zum fanatischen Rassismus erzogen wurde, dem natürliche Moralvorstellungen gewaltsam ausgetrieben wurden oder den man bei schauderlichen Sondereinsätzen unter Drogen setzte?

Nur die wirklich Mächtigen haben die Entscheidungsgewalt!

Letztlich liegt fast alles in der Hand weniger Akteure. Was den II. Weltkrieg betrifft, so trägt Adolf Hitler gewiss die größte Verantwortung. Aber auch seine europäischen Kontrahenten sind nicht schuldlos. Rechtfertigt die Beseitigung eines einzigen Irren den Tod von 50 Millionen Menschen und die Verwüstung des halben Kontinents? Hatten Churchill & Co. die Lage richtig eingeschätzt? Und welche Verantwortung tragen die Väter des Versailler Friedensdiktats (das von Anfang an im Verdacht stand, einen neuen Waffengang heraufzubeschwören). Welchen Schuldanteil hatten polnische Nationalisten, die völkerrechtswidrig 1921 Oberschlesien vereinnahmten (und damit die bereits stark gedemütigte deutsche Volksseele zum Überkochen brachten, den Nationalismus und Revanchismus befeuerten)?

Gab es keine Alternativen zum II. Weltkrieg?

Deutschland war von ausländischen Rohstofflieferungen abhängig. Embargos und eine internationale Ächtung des Landes hätten das Naziregime vielleicht zum Einlenken gezwungen. Hitler hatte seinen Polenfeldzug mit dem getürkten Überfall auf den Rundfunksender Gleiwitz begründet („Seit 5.45 Uhr wird zurückgeschossen!"). 2003 bediente sich die demokratisch gewählte USA-Administration ähnlicher Methoden (alle aufgeführten Kriegsgründe erwiesen sich später als falsch). Zum Glück ist 2003 niemand auf die Idee gekommen, den Irakkrieg in einen Weltkrieg zu verwandeln mit dem Ziel, die USA auszulöschen.

„Polnische Zwangsarbeiter wurden wie Sklaven behandelt!"

Stimmt. Aber ging es deutschen Arbeitern bzw. Familien so viel besser? Auch sie wurden in deutschen Fabriken zur Akkordleistung gezwungen, begleitet von der ständigen Angst, doch noch an die Front beordert zu werden, eigene Kinder in den Krieg schicken zu müssen oder im großflächigen Bombenhagel auf die deutschen Städte umzukommen.

Hat der Wähler die Schuld?

Bei der alles entscheidenden, verhängnisvollen Reichstagswahl im November 1932 hat Hitlers NSDAP knapp ein Drittel der abgegebenen Stimmen erhalten. Das genügte zu seiner vollkommenen Machtergreifung (weil die etablierten Parteien sich wieder einmal übertölpeln ließen). Waren nun alle, die Hitler einst in ihrer großen existentiellen Not gewählt hatten, Schuld an der Nazidiktatur? Ebenso wie diejenigen (immerhin 2/3 der Bevölkerung), die Hitler nicht auf den Leim gegangen sind? Ist es fair, die Nachkommen in der dritten, vierten oder gar zehnten Generation für diesen Wahlfehler verantwortlich zu machen, ihnen ständig neue Rechnungen zu präsentieren? Jeder neugewählte Präsident oder Kanzler, jede neue Regierung ist ein Risikofaktor. Niemand kann in die Köpfe der Amtierenden hineinsehen oder wissen, wie die sich später entpuppen. Vergessen wir nicht: Auch viele hochintelligente ausländische Spitzenpolitiker sind auf Hitlers Charme und Verlogenheit hereingefallen. Ich meine: Eine Kollektivschuld darf es nicht geben, eine ewig vererbbare schon gar nicht. Sie wäre nicht nur im hohen Maße ungerecht und die Menschenwürde missachtend, sie wäre auch rassistisch.

Der Revanchismus schafft keine Gerechtigkeit!

Das sollten auch aufgeklärte polnische Nationalisten einsehen. Wo kommen wir hin, würden alte Rechnungen immer wieder aufgemacht? Und in Ermangelung der wahren Täter einfach die Nachfahren ehemaliger Opfer in Haftung genommen? Wenn die Reparationsfrage über die Medien wiederholt zum Thema gemacht wird, könnte es sein, dass der überwunden geglaubte Revanchismus auch auf unerwünschter Seite erwacht und eines Tages viele Deutsche sich fragen: „Führte die Wiedergeburt Polens 1918 Deutschland ins Verderben?". Hätte es den II. Weltkrieg und den Holocaust überhaupt gegeben, wenn die Siegermächte des I. Weltkrieges nicht die europäische Landkarte derart radikal umgestaltet und aus den Territorien des Verlierers ein neues Polen geschaffen hätten? Wäre 1933 noch die UdSSR Deutschlands Nachbar im Osten gewesen, hätte es die Nazis nie an die Macht gespült und der II. Weltkrieg wäre sicherlich auch nicht entbrannt.

Wenn heute alte Verträge nichts mehr gelten (wie zum Beispiel die Reparationsverzichtserklärung Polens 1953), dann könnten ja vielleicht auch die polnisch-deutschen Ostverträge von 1972 neu aufgerollt werden. Schließlich gehörten die deutschen Ostgebiete bis 1972 nicht zu Polen, sondern standen lediglich unter deren Verwaltung (treuhänderischen Obhut). Es ist schon merkwürdig, dass es vielen meinungsbildenden Polen gar nicht in den Sinn kommt, dass ihre nach dem I. und II. Weltkrieg vereinnahmten ehemaligen ostdeutschen Staatsgebiete einen nicht unerheblichen Wert darstellen. Merkwürdig auch, dass diese Leute sich offenbar auch nicht in die Not und verzweifelte Lage der unter der Schreckensdiktatur leidenden deutschen Bevölkerung hineindenken können. Betrachtet man die europäische Geschichte seit 1918, so fällt auf, dass das polnische Volk nicht nur (im Gegensatz zur deutschen Bevölkerung) über ein extrem starkes Nationalbewusstsein verfügt, sondern dass es auch immer mächtige Fürsprecher im europäischen Ausland und den USA gehabt haben muss.

Immer wieder absurde Reparationsforderungen ins Spiel zu bringen bzw. diesem leidigen Thema überhaupt eine mediale Aufmerksamkeit zu schenken, hieße dem Revanchismus Vorschub zu leisten. Ein gefährliches Spiel!

„Fridays for Future!" – die EU als Klimakiller

Setzt man sich wirklich für die Zukunft ein, wenn die Hauptursachen des Klimawandels aus ideologischen Gründen verschwiegen werden? Was nützen spektakuläre Aufmärsche und Protestaktionen, wenn, anstatt die wirklich relevanten Übel zu benennen, nur pauschale Anklagen in den Raum gestellt werden? Umweltschützer die es ehrlich meinen, müssten meines Erachtens folgende Punkte in den Vordergrund rücken:

1. **Die Bevölkerungsexplosion ist der größte Klimakiller!** Seit 1950 hat sich die Weltbevölkerung verdreifacht. Heute gibt es 7,8 Milliarden Erdbewohner, 1950 waren es noch ca. 2,6 Milliarden. Glauben verantwortungsbewusste Umweltschützer wirklich, das Bevölkerungswachstum habe keinen großen Einfluss auf die Natur und das Weltklima? Eine solch ignorante Naivität kaufe ich denen nicht ab.

2. **Der weitgehend zollfreie Welthandel befeuert den umweltschädlichen Warentourismus.** Das Volumen des Warenaustausches hat sich in nur wenigen Jahrzehnten verachtfacht. Auch weil die Exporte und Transporte über staatliche Beihilfen subventioniert werden. Lange, überflüssige Lieferketten sind alles andere als klimaschonend. Wo bleibt da der berechtigte Aufschrei der Umweltschützer?

3. **Das globale Unterbietungssystem (der Zollfreihandel) forciert das Lohn-, Sozial- und Ökodumping.** Produktionen werden ausgelagert in Staaten, in denen Umwelt- und Arbeitsschutzauflagen keinen sonderlichen Stellenwert genießen oder über korrupte Staatsdiener umgangen werden können. Eine Renaissance der Zollgrenzen könnte diesen Trend umkehren und wieder kontrollierbare Umweltstandards schaffen.

4. **Völkerwanderungen lagern Probleme nur aus, lösen sie aber nicht.** Wenn Menschen in Kulturen mit hohen Geburtenraten meinen, sie könnten ihre erwachsenen Kinder in reiche Sozialstaaten abschieben (damit sie die in der alten Heimat verbliebenen Familien unterstützen), wird sich in den Entwicklungsländern wenig ändern. Weil sich dann kein echter Druck zu einem verantwortungsbewussten Verhalten aufbaut, überkommene Traditionen weiter gepflegt werden und auch die Machtelite am einträglichen Prinzip der Vetternwirtschaft und Korruption festhalten kann.

5. **Das Bevölkerungswachstum in Deutschland untergräbt die Vorbildfunktion!** Hätte es die anhaltend hohe Zuwanderung seit den 1960ern nicht gegeben, würden in Deutschland heute nur etwa 54 statt 84 Millionen Menschen leben. Dann gäbe es hierzulande also wesentlich mehr gesunde Wälder und Naturflächen, dafür erheblich weniger Straßen und bebaute Flächen. Deutschland wäre ein ökologisches Vorbild für die ganze Welt und auch die Lebensqualität wäre besser (weniger Verkehr, Straßenlärm, mehr Grün und Parks in den Großstädten, eine lichtere Bebauung, bessere Luft usw.). Wir werfen Brasi-

lien und anderen Staaten vor, dass sie ihre Regenwälder roden, machen aber im Prinzip das Gleiche.

6. Das globale Unterbietungssystem heizt den Konsumrausch an. Die Welt braucht faire Wettbewerbsbedingungen. Und die kann es nur in einem intakten Binnenmarkt geben, der abgeschirmt ist von ausländischen Dumpingexzessen. Fehlen notwendige Schutzzölle, purzeln die Preise, die wiederum zum Kaufrausch verleiten. Der Konsum von Klamotten zum Beispiel hat sich innerhalb von wenigen Jahrzehnten verzehnfacht! Weil Fast Fashion heute so verführerisch günstig ist. Würde wie früher in einem intakten Binnenmarkt unter gleichen Bedingungen produziert, gäbe es keine minderwertige Billigware und das Konsumverhalten wäre ein ganz anderes.

7. Das Pendlerunwesen belastet den Straßenverkehr. Früher lagen Wohnung und Arbeitsstätte meist dicht beieinander. Heute gibt es sogar einen regen grenzüberschreitenden Berufsverkehr. Arbeitskräfte werden hin und her gekarrt – allein schon aufgrund fehlender Zölle bei unterschiedlichsten Lohnniveaus und Rechtsvorschriften in den Anrainerstaaten. Und wegen hoher Subventionierung der Mobilität (allein bis 9000,- Euro staatliche Zuschüsse bei E-Autos). Warum besinnt man sich nicht auf die positiven Erfahrungen der Vergangenheit? Warum ist heute nicht möglich, was sich bereits in alten Zeiten bewährt hat?

8. Hat die Auflösung der Preisbindung Positives bewirkt? Bis 1971 galt in Deutschland eine allgemeine Preisbindung (wie heute noch im Buchhandel). Zwar führte die Aufhebung der Preisbindung zunächst zu einem Preisverfall, am Ende kann der Handel aber doch nur überleben (vor allem in den Innenstädten) wenn er auch Gewinne einfährt. Der heute übliche Unterbietungswettbewerb befeuert eine umweltschädigende, kostspielige Werbeflut, die die Einsparung des Dumpingsystems mehr als zunichte macht (wie Untersuchungen in den USA gezeigt haben). Mehr noch: Die ewigen Sonderangebote verführen die Verbraucher zur zeitraubenden Schnäppchenjagd, stundenlang werden Prospekte studiert um dann per Pkw in diversen Supermärkten die Sonderangebote einzuheimsen. Dabei werden Verbraucher verführt, wegen der günstigen Gelegenheit oft mehr einzukaufen als nötig. So gedeiht die Wegwerfgesellschaft. Wollen wir ewig daran festhalten, uns niemals umbesinnen? Wer A sagt muss auch B sagen. Wer sich für den Natur- und Umweltschutz einsetzen will, darf nicht aus ideologischen Gründen kneifen und die wichtigsten Punkte unter den Tisch kehren.

Wie aufrichtig sind Klimaschutzdebatten, wenn der wichtigste Faktor, nämlich die Bevölkerungsexplosion, ignoriert wird?

Der deutsche Sozialstaat – das Paradies für europäische Armutsflüchtlinge!

Wie viele Armutsflüchtlinge aus anderen Ländern soll Deutschland noch aufnehmen? Wie konnte man sich bei derart krassen Lohngefällen nur auf eine EU-weite Arbeitnehmerfreizügigkeit und Niederlassungsfreiheit einlassen?

Viele Osteuropäer können ihr Glück kaum fassen – der deutsche Sozialstaat funktioniert tatsächlich so, wie es ihnen Freunde und Bekannte vorgeschwärmt hatten. Während zum Beispiel in Rumänien viele Roma-Familien in bitterer Armut leben, in heruntergekommenen Bruchbuden hausen und froh sind, sich überhaupt satt essen zu können, erhalten sie als Immigranten in Deutschland alles umsonst (als Folge der EU-Osterweiterung). Eine hübsche große Wohnung inmitten der Großstadt mit Fernheizung, mit Küche und mit Bad – all das, wovon sie in ihrem Heimatdorf nur träumen konnten. Und nebenbei gibt es noch jede Menge Geld – für die Eltern und für jedes Kind extra. Nicht wenige Großfamilien haben an die zehn Kinder, also gibt es Monat für Monat einige Tausend Euro bar auf die Hand, neben den Aufwendungen für die Miete versteht sich.

Nette deutsche Sozialarbeiter zeigen den in der Regel wenig gebildeten Armutsflüchtlingen, wie das deutsche Sozialsystem funktioniert und mit welchen Tricks sie zur stinknormalen Hartz-IV-Familie aufsteigen. Eigentlich genügt bereits die Anmeldung einer kleinen, unbedeutenden Selbständigkeit, die nur wenige Euro im Monat einbringt. Damit rutscht die gesamte Großfamilie in die Hartz-IV-Rundum-Vollversorgung. Das tatsächliche oder vorgegaukelte Minieinkommen aus der „Selbständigkeit" wird „aufgestockt" und für alle Familienangehörigen gelten fortan hohe Versorgungsansprüche.

Wer soll das bezahlen?

Die Gutmenschen, die die Armutsflüchtlinge in den deutschen Sozialstaat einweisen, fühlen sich oft noch als Helden. Sie leben im Gefühl, Menschen in Not geholfen zu haben – ohne darüber nachzudenken, woher das Geld überhaupt kommen soll und wie ein Staat bei so viel Freigebigkeit existieren kann („Das ist doch nicht mein Problem!" oder „Die Gesetze sind nun einmal so!").

Tickende Zeitbomben

Wir alle wissen inzwischen, wie gefährlich eine Ghettosierung in den Städten ist und welche Probleme sich aus einer mangelhaften Integration ausländischer Mitbürger ergeben. Aber anstatt zunächst einmal die vorhandenen Baustellen abzuarbeiten und die zigtausend perspektivlosen ausländischen Jugendlichen in unsere Gesellschaft vernünftig und nachhaltig einzugliedern, werden immer neue Fässer aufgemacht. Das Tor wird auch dank der EU-Niederlassungsfreiheit weit geöffnet für bildungsferne Armutsflüchtlinge, denen unser Land, unsere Sprache und Kultur völlig fremd sind. Soziale Konflikte sind mit diesen Großfamilien vorprogrammiert. Werden ihre Kinder und Enkelkinder jemals bei uns arbeiten wollen oder können? Oder werden sie ewig am sozialen Tropf hängen?

Aufgrund ihrer traditionsreichen Kultur lassen sich zum Beispiel viele Roma-Großfamilien nicht in den stupiden und strengen Arbeitsalltag einer modernen Industriegesellschaft pressen. Ich habe für diese Abneigung gegenüber unserer monetär geprägten Leistungsgesellschaft durchaus Verständnis. Andererseits funktioniert der Sozialstaat aber nur auf dieser Basis. Die Unterwanderung des Sozialstaats durch ausländische Armutsflüchtlinge, die unser solidarisches Gesellschaftsprinzip eigentlich von Grund auf ablehnen, führt letztlich zu seiner Zerstörung.

Das Fatale: Das sozialschädliche Verhalten kann ansteckend sein. Wer als Biodeutscher erst einmal begreift, dass es sich ohne Leistung in unserem Lande oft besser, sorgloser und gesünder leben lässt, verliert irgendwann die Motivation zur Arbeit. Entweder wandert er aus oder aber er reiht sich ein in das umfangreiche Hartz-IV-System.

> *„Wir müssen die Sozialgesetze so kompliziert gestalten, dass kein Außenstehender das ganze Ausmaß überblicken kann und beim braven Steuerzahler kein Argwohn aufkeimt. Nur so lässt sich der Sozialstaat immer weiter ausbauen, nur so lassen sich teure Wahlversprechen (welche die Demokratie offenbar benötigt) finanzieren!"*

Warum tun unsere Volksvertreter das?

Warum erlassen unsere Volksvertreter Gesetze, die den deutschen Steuerzahler immer höhere Belastungen aufbürden? Bei allem guten Willen: Deutschland kann nicht der soziale Reparaturbetrieb für ganz Europa oder gar die ganze Welt sein! Man kann nicht den deutschen Erwerbstätigen durch den Zollabbau in einen gnadenlosen Lohndumpingwettbewerb zwingen und gleichzeitig hier den „internationalen Sozialstaat" ausrufen!

Viele Sozialpolitiker meinen, es sei doch alles machbar, zur Not erhöhe man halt die

Spitzensteuern oder führe wieder Vermögenssteuern ein (sogar eine neue „Demografiesteuer" ist im Gespräch). Dabei wissen sie es besser: Die Umverteilung und Sozialisierung hat ihre Grenzen! Wenn Deutschland höhere Abgaben verlangt als andere Staaten, wandern die Eliten und Reichen allmählich ab – oder will man sie hier etwa einsperren, ihnen vielleicht elektronische Fussfesseln anlegen? Auch andere mögliche Geldquellen, zum Beispiel die Abschaffung der Bemessungsgrenze bei den Sozialversicherungen, fördern die Abwanderung und Leistungsverweigerung.

Wer behauptet, in der Schweiz funktioniere dies doch, der sollte so ehrlich sein und die gesamte Abgabenbelastung der Schweizer (die nicht höher ist als die deutsche) und das hohe Schweizer Lohnniveau berücksichtigen. Es macht keinen Sinn, sich die genehmen Sonderheiten verschiedener Staaten herauszupicken, um daraus dann abzuleiten, alles sei möglich.

Die Kommunen stöhnen ...

Kommunen können die hohen Kosten der Armutsflüchtlinge aus Rumänien, Bulgarien und dem Balkan nicht mehr aufbringen. Sie erzählen von schwerkranken Einwanderern, deren ärztliche Versorgung allein schon pro Jahr mehrere 10.000 Euro verschlingt und verlangen mehr Geld vom „Bund" (als ob dadurch das Problem gelöst wäre). Und die Bundespolitiker versprechen seit Jahrzehnten vollmündig, gegen Leistungsmissbrauch schärfer vorgehen zu wollen. Sie beteuern, Deutschland dürfe nicht doppelt gemolken werden (einmal als größter EU-Nettozahler und dann auch noch als Ferienparadies für europäische Armutsflüchtlinge).

Doch was sind derlei Beteuerungen wert? Unsere Bundespolitiker haben es in den letzten Jahrzehnten eben nicht geschafft, die Probleme zu entschärfen. Gegen die EU kommt man halt nicht an und welche Altpartei möchte sich schon eine „Ausländerfeindlichkeit" vorwerfen lassen. Deutschland zahlt inzwischen nicht nur doppelt, sondern dreifach! Denn die Milliardensubventionen und Bürgschaften für die in akute Finanznot geratenen Staaten müssen schließlich auch gestemmt werden.

Viele fromme Kommunalpolitiker rufen nach dem Staat und fordern vom Bund mehr Geld. Damit aber ist das Problem nicht gelöst, sondern nur verschoben!

Wieso kommt es trotz hoher Massenarbeitslosigkeit in Deutschland zu einem Fachkräftemangel?

Die Erklärung ist eigentlich recht einfach:

1. Jährlich kommen durchschnittlich eine Million Menschen auf der Suche nach einem besseren Leben nach Deutschland. Sie verdingen sich oft als Billiglöhner oder Scheinselbständige (Aufstockung über Hartz IV) und unterwandern das deutsche Tarifsystem.

2. Durch diesen importierten Dumpinglohn (Beispiel Schlachthöfe) verdrängen sie die alte Belegschaft, die zu den unattraktiv gewordenen Bedingungen nicht mehr malochen will und so manches Mal lieber in das Hartz-IV-System oder die vertuschte Erwerbslosigkeit (z. B. Frühverrentung) wechselt. Derzeit bleibt in Deutschland das Arbeitskräftepotential von fast zehn Millionen Menschen ungenutzt (offizielle und entsorgte Massenarbeitslosigkeit).

3. Zuwanderer leben nicht von Luft und Liebe, sie benötigen in der Regel einen weit höheren Versorgungs- und Betreuungsaufwand als die Einheimischen und haben eine schlechtere Beschäftigungsquote. Eingereiste Pflegekräfte und Handwerker zum Beispiel können zwar notdürftig manche Lücken schließen (die in der Regel durch Unterbezahlungen entstanden sind), dafür werden an anderer Stelle aber weit größere Lücken aufgerissen. Dann fehlt es nämlich an Ärzten, Richtern, Juristen, Dolmetschern, Polizisten, Lehrern, an Wohnungen, Schulen, Straßen, Flugplätzen usw. – und natürlich auch an den Leuten, die die zusätzlich benötigten Wohnungen, Straßen, Krankenhäuser usw. finanzieren, planen und bauen.

4. In unattraktiven (= unterbezahlten) Berufen gibt es zu wenig Nachwuchs. Anstatt ein solides Handwerk zu erlernen, ziehen viele junge Leute es vor, Sozialarbeiter, Integrationsbeauftragte, Dolmetscher, Flüchtlingsbegleiter usw. zu werden. Zumal dort anscheinend die Karrierechancen und das gesellschaftliche Prestige größer sind. Schließlich macht man sich auch Sorgen um die Zukunft: Wie wird die Arbeitslage in zehn Jahren aussehen, wenn ausländische Dumpinglöhner und Dumpingfirmen weiterhin offenen Zugang nach Deutschland haben? Wird es einigen Branchen so ergehen wie der Fleischindustrie?

Fazit: Der Fachkräftemangel entsteht überhaupt erst durch die Zuwanderung!

Warum ist derzeit eine Mehrheit der deutschen Bevölkerung für die EU?

Warum gibt es in Deutschland noch immer so viele EU-Befürworter?

Zu den scheinbar großen Rätseln unserer Zeit zählt die politische Einstellung der Deutschen zur EU. Warum in aller Welt sprechen sich immer noch über die Hälfte der Bundesbürger für eine solch undemokratische, unsolidarische, bürokratische Transferunion aus? Die Nachteile dieser unseligen Schicksalsgemeinschaft müssten doch allmählich jedermann einleuchten!

Gegen eine gehirnwäscheartige Dauerpropaganda ist kaum ein Ankommen!

Das Phänomen erklärt sich, wenn man die mediale Berichterstattung unter die Lupe nimmt. Es vergeht in Deutschland kein Tag, an dem die Bevölkerung nicht mehrere Dutzend Male auf die EU eingeschworen wird. Es ist doch klar: Wenn Otto Normalbürger zwanzig oder dreißig Mal am Tag vernimmt, seinen Wohlstand und Frieden verdanke er zum großen Teil der EU, so zeigt das Wirkung. Die kühne These manifestiert sich im Laufe der Jahre und Jahrzehnte in den Köpfen gutgläubiger Menschen als unumstößliche Tatsache.

Darf überhaupt die Sinnfrage gestellt werden?

Ist in Deutschland in den letzten 50 Jahren schon einmal ergebnisoffen über den Sinn und Nutzen der EU diskutiert worden? Ich jedenfalls kann mich an eine solche Auseinandersetzung nicht erinnern. Wenn es (ausnahmsweise) in den Medien einmal kritische Berichte über die EU gibt, geht es immer nur um Einzelaspekte – nie aber ums Ganze, um die Grundsatzfrage. Seit 50 Jahren dreht sich also alles nur darum, wie man die zahlreichen Probleme der EU in den Griff bekommen könnte. Immer wieder gibt es neue Ideen, Verheißungen und Experimente.

Mit allen Mitteln versucht die Politik und das Establishment, die EU zu retten und als große Errungenschaft zu verkaufen. Aber eines darf es im Namen der vielgepriesenen Presse-, Gedanken- und Medienfreiheit offenbar nicht geben: Eine vorurteilsfreie Betrachtung über den grundsätzlichen Sinn und Nutzen der Europäischen Union.
Und solange Politik und Medien eine solch offene Debatte nicht zulassen, solange sie unverdrossen Tag für Tag, Stunde für Stunde, die EU glorifizieren und für unabdingbar erklären, solange wird sich auch die Mehrheit der deutschen Bevölkerung für eine EU aussprechen. Und das, obwohl es nie eine echte demokratische Legitimation für die EU gegeben hat! Denn im Gegensatz zu anderen europäischen Völkern war es den Deut-

schen von Anfang an vergönnt, ein Plebiszit über diese alles bestimmende Systemfrage abzuhalten.

Die Instrumentalisierung des Schuldgefühls

Als besonders perfide empfinde ich, wenn bezüglich der EU immer wieder das Schuldgefühl der Bevölkerung mobilisiert wird. Wegen des Holocausts und der Verbrechen des 2. Weltkrieges seien wir als Deutsche nun einmal zur Wiedergutmachung verpflichtet, so der einhellige Tenor.

Doch gibt es überhaupt eine ewig vererbbare Kollektivschuld? Muss die deutsche Bevölkerung noch immer dafür büßen, dass der Versailler Vertrag in Kombination mit der Weltwirtschaftskrise zu einer Schreckensdiktatur führte, unter der nahezu die gesamte damalige Bevölkerung in Deutschland schwer zu leiden hatte (allein zehn Millionen Tote, zigmillionen Obdachlose, Hungernde, Traumatisierte)? Meint jemand ernsthaft, die blutjungen Männer (oft noch Schüler) sind damals gerne in den tödlichen Krieg gezogen? Ist vergessen, wie eine Gewaltdiktatur funktioniert? Dass dort jeder, der nicht pariert, kaserniert oder liquidiert wird? Womöglich mitsamt seiner Familie? Und dieses Traumata will man noch immer nutzen, um die Deutschen an die EU zu knebeln? Pfui!

PS: Nicht einmal 27 % der Wahlberechtigten hatten in der alles entscheidenden Reichstagswahl im November 1932 (trotz des allgemeinen Elends und Hungers) Hitler gewählt.

Wie erfolgreich ist die EU wirklich?

Laut CEBR ist das Bruttoinlandsprodukt in der EU preisbereinigt von 2005 bis 2020 leicht gesunken, während es sich im gleichen Zeitraum in China verfünffacht hat. 2005 betrug das BIP in China 3 Billionen Dollar und in den 27 Staaten der EU (also ohne Großbritannien) 15 Billionen Dollar. Inzwischen hat China die EU längst überflügelt. Wobei es in der EU natürlich starke Unterschiede gibt: Die EU-Niedriglohnländer haben aufgeholt, während die EU-Hochlohnländer umso mehr abgesunken sind.

Das typische Verbreiten von Vorurteilen

Heute konfrontiert eine auflagenstarke Regionalzeitung in großer Aufmachung (wieder einmal) ihre Leser mit einer Lobeshymne auf die EU. Theatralisch wird der jungen Generation eingeschärft, es gehe dabei doch schließlich um ihre Zukunft. So heißt es dann etwa, Treibhausgase und Luftverschmutzung seien nur durch globale Abkommen einzudämmen. Und für solche Abkommen brauche es nun einmal die EU als starken Verhandlungspartner. In gleicher Weise wird suggeriert, die europäischen Staaten seien auf globale wirtschaftliche und finanzielle Verflechtungen angewiesen und könnten nur im

Zusammenschluss überleben. Aber all diese einschüchternden Prognosen beruhen auf wenig überzeugenden Vermutungen und Vorurteilen. Es wird auf internationale Vereinbarungen gesetzt, die aufgrund der vielen Eigeninteressen kaum Chancen auf eine Ratifizierung haben und deren Einhaltung von außen kaum kontrollierbar wäre. Unter dem Druck des globalen Dumpingwettbewerbs können die meisten Staaten einen nachhaltigen Umweltschutz nun einmal nicht finanzieren! Erst wenn ein Staat sich über allmählich ansteigende Zölle von seiner Export- und Importabhängigkeit löst, könnte er sich einen aufwendigeren Umweltschutz leisten.

Das Gleiche gilt auch für die Wirtschaft und den Wohlstand des Landes. Erst die weitgehende Unabhängigkeit befreit vom weltweiten Lohn- und Ökodumpingzwang. Die EU-Propaganda stellt also auch in diesem Falle die Realitäten auf den Kopf und vergewaltigt damit jegliche Logik.

Hätte die Zeitung mit ihren albernen EU-Parolen recht, müssten Staaten wie Japan, Südkorea, Großbritannien und die Schweiz angesichts ihrer nationalen Eigenständigkeit verloren sein. Hätte die Zeitung recht, wäre das EU-Modell auch längst überall in der Welt kopiert worden. Aber nichts dergleichen geschieht. Warum wohl?

Was darf man einer Zeitung noch glauben, wenn sie weiterhin ungeniert gewagte Thesen in den Raum stellt und es nicht einmal wagt, bezüglich des Freihandels und der EU die Sinnfrage zu stellen?

Nur noch 28 %!

Nach einer Umfrage der Friedrich-Ebert-Stiftung glauben nur noch 28 % der Bundesbürger, dass die EU-Mitgliedschaft Deutschland unterm Strich Vorteile bringt. Es gibt also wohl doch so etwa wie einen Lernprozess – trotz gehirnwäscheartiger Dauerpropaganda.

Ist jemand rechtsradikal, nur weil er die EU oder den Euro ablehnt? Wenn ja, gäbe es außerhalb der EU also nur rechtsradikale Regierungen.

Wann kommt der Dexit? (der Austritt Deutschlands aus der EU)

Ist der Dexit noch zu verhindern? Wie lange gedenkt man, an der These von einer wohlstandsfördernden EU festhalten zu können?

Blinde Entrücktheit ...

Die mangelnde Aufrichtigkeit und Offenheit in den Medien hält die große Bevölkerungsmehrheit davon ab, über die EU genauer nachzudenken. Dank unermüdlicher Gehirnwäsche hat sie die EU als Selbstverständlichkeit verinnerlicht. Die Frage nach der Nützlichkeit oder Existenzberechtigung der Europäischen Union stellt sich den meisten Bürgern gar nicht. Einen Austritt (einen Dexit) können sie sich einfach nicht vorstellen (weil die allgegenwärtige Medienpropaganda einen solchen Gedanken überhaupt nicht zulässt). In der Debatte um die EU darf es immer nur um Reformen gehen. Dabei sollte es nach einem halben Jahrhundert verzweifelter Bemühungen allmählich einleuchten, dass die EU nicht reformierbar ist. Denn schon ihr Grundprinzip ist widersprüchlich, weltfremd und unlogisch (deshalb werden bestehende Vereinbarungen und Gesetze von Mitgliedstaaten und der EZB auch so oft ignoriert).

Wer für ein starkes Europa ist, kann die EU nicht gutheißen!

Ist Ihnen schon einmal aufgefallen, mit welcher Hinterlist und Anmaßung die EU ständig mit Europa gleichgesetzt wird? Als ob es zwischen den beiden Begriffen keinerlei Unterschiede gibt. Zählen die Schweiz, Norwegen und nunmehr auch England etwa nicht zu Europa? Wenn es immer wieder heißt, „Europa müsse gerettet werden", so geht es vielen Profiteuren in Wahrheit nur um die EU, genauer gesagt um die Bewahrung der eigenen Pfründe (es gibt allein in Brüssel zigtausend hochbezahlte EU-Beamte, EU-Lobbyisten usw.). Viele Menschen sind derart vernarrt in ihrem Aberglauben an die Europäische Union, dass sie gar nicht mehr merken, wie sehr sie die Realitäten ausblenden. Wie kann man nur annehmen, eine Brüsseler Oberherrschaft mit ihrer unersättlichen Regulierungswut könnte der Wirtschaft der 27 EU-Staaten dienlich sein? Wie kann man annehmen, eine demokratieferne, schier undurchschaubare Gesetzesmaschinerie sei hilfreich im globalen Wettstreit der Nationen?

Bei einer neutralen Berichterstattung wären die Deutschen genauso wie die Briten mehrheitlich für einen Austritt aus der Europäischen Union.

Massenarbeitslosigkeit und sinkende Löhne!

Selbst im deutschen Musterländle sind die realen Nettolöhne und Renten seit 1980 gesunken, obwohl sich die Produktivität im selbigen Zeitraum verdoppelt hat. Und die Zahl der Erwerbslosen hat sich trotz aller verschleiernder Bilanzkosmetik seit 1980 verdreifacht! Werden diese traurigen Trends von der Bevölkerungsmehrheit wahrgenommen? Die ständigen Jubelbotschaften („Deutschland profitiert besonders von der EU und dem Euro!" bzw. „Uns ging es noch nie so gut wie heute!") bilden die Grundlage einer beispiellosen Verdrängungsrhetorik. Sachliche Argumente werden im Keim erstickt und dringen gar nicht mehr ins Bewusstsein obrigkeitshöriger Wohlstandsbürger. EU-Kritiker werden als Demokratiefeinde, Rassisten oder Dumpfbacken diffamiert oder gelten als nörglerische Spielverderber.

Nur die Billiggeldschwemme verhindert derzeit den Zusammenbruch!

Man mache sich nichts vor: Nur die hochriskante Billiggeldschwemme (die nicht nur ich für unverantwortlich halte) verdeckt das wahre Ausmaß der sich anbahnenden Katastrophe. Nur Dank der Billiggeldschwemme können viele Euro-Staaten ihre gigantischen Staatsschulden noch in Schach halten. Nur Dank der Billiggeldschwemme wurde eine künstliche Konjunktur geschaffen, die das wahre Ausmaß der Misere notdürftig kaschiert. Mit der Billiggeldschwemme hat man aber den letzten Trumpf gezogen, man hat sein Blatt vollkommen ausgereizt. Wenn jetzt eine durch die Billiggeldschwemme aufgeheizte Spekulationsblase platzt, wird's wirklich düster. Aber sowieso: Auf Dauer kann eine Billiggeldschwemme, die jegliche geldpolitische Seriosität und Moral vermissen lässt, keinen Bestand haben. Auch, weil sie allen Grundregeln einer effizienten Marktwirtschaft zuwiderläuft.

Blinder Egoismus ...

Den Aberglauben an die Notwendigkeit einer EU nähren auch Unternehmer, die im EU-Billiglohnland nach Fachkräften suchen. Weil sie in Deutschland angeblich keine mehr finden. Dazu ist zu sagen: Einen Fachkräftemangel gibt es nur, wenn die Löhne zu niedrig sind. Wegen schlechter Bezahlung sind manche Berufssparten inzwischen unattraktiv. Warum Fernfahrer, Altenpfleger, Handwerker, Arzt oder was auch immer werden, wenn die Bezahlung den hohen Leistungsanforderungen nicht entspricht. Da sucht man sich doch lieber einen bequemeren bzw. gesellschaftlich angeseheneren Beruf. Zuwanderer aus EU-Billiglohnländern (Niederlassungsfreiheit + Arbeitnehmerfreizügigkeit) braucht man also nur, um das Lohnniveau in den Mangelberufen niedrig zu halten. Die Unternehmer klagen, höhere Löhne seien einfach nicht drin, das gebe der Markt gar nicht her. Das ist natürlich totaler Schwachsinn. Denn den Marktgesetzen sind schließlich auch die Mitbewerber ausgesetzt. Wenn also die Lkw-Fahrer mehr verdienen, würden Transporte allgemein teurer. Dadurch verschiebt sich geringfügig die Kalkulationsbasis. Der eingeimpfte Zentralisierungswahn würde abgeschwächt, so manche Produktionsauslagerungen ins Ausland würden sich nicht mehr rentieren, die Versandpauschalen bei Internetbestellungen würden angehoben.

Gleichzeitig würden aber auch Sozialkosten eingespart (in vermutlich weit höherem Maße), weil viele kinderreiche Familien aus dem EU-Billiglohnland (die oft ganz oder teilweise von Hartz IV leben) gar nicht erst nach Deutschland einwandern würden. In den Medien werden diese Zusammenhänge verschwiegen. Da wird zigtausend Mal das Klagen der armen Unternehmer inszeniert, die keine Leute finden. Es geht offenbar nur darum, die vermeintliche Notwendigkeit der EU zu untermauern.

Lebt Deutschland vom EU-Export?

Mindestens tausendmal im Jahr wird in den Medien die Behauptung aufgestellt, Deutschland sei als Exportnation auf die EU angewiesen. Deshalb hält sich auch in den Nachbarstaaten hartnäckig das Vorurteil, wir seien die großen Nutznießer (Schmarotzer) der EU. Dies wiederum schürt den Neid und die Missgunst und natürlich auch das Anspruchsdenken uns gegenüber. Wahr aber ist:

1. Es braucht keine EU, um Handel zu treiben. Schließlich liefert Deutschland seine Waren überall hin, sogar ins ferne China oder die USA.

2. Der Handel in Europa wurde nicht von der EU erfunden, es gab ihn schon vorher.

3. Wenn es eine Exportabhängigkeit gibt, so wäre das fruchtbar. Dann würden sich ausländische Krisen sofort auf unsere Volkswirtschaft auswirken. Wir müssten in ständiger Angst leben, in das Chaos mit hineingezogen zu werden.

4. Eine verantwortungsbewusste Bundesregierung sollte deshalb immer bestrebt sein, seine wirtschaftliche Autonomie so weit wie möglich zu erhalten. Das sorgt für Stabilität und Sicherheit.

Entweder kommt der Dexit oder die EU bricht in sich zusammen …

Die meisten kennen vermutlich den Satz „Die EU funktioniert nicht – es sie denn, Deutschland zahlt!". Das Dumme ist nur: Deutschlands Mittel sind beschränkt. Und man wird auch nicht ewig unsere Bevölkerungsmehrheit mit dubiosen Erfolgsmeldungen in Schach halten können. Der Widerstand in Deutschland gegen die EU wird stetig wachsen. Da hilft es auch wenig, das Internet generell als Fake-News-Basis zu verspotten. Am Ende erkennt der kritische Bürger, ob Argumente stichhaltig sind oder nicht. Um das Feld nicht der AfD zu überlassen, werden die etablierten Parteien im Laufe der Zeit einlenken, also realistischer (EU-kritischer) werden. Es wird ähnlich ablaufen wie bei der

Massenzuwanderung 2015/2016: Erst berauschte man sich an der Willkommenskultur und dann folgte die Ernüchterung (Abschottung). Weil die etablierten Parteien von der Realität eingeholt wurden.

Präsident Macron redet von einer Neugründung!

Sicher ist Ihnen auch schon aufgefallen, wie sehr Frankreichs EU-freundlicher Präsident mit Nachdruck eine Neugründung der Europäischen Union fordert. Was aber bedeutet diese Neugründung? Ist es nicht als Eingeständnis eines Scheitern zu werten? Hofft man, beim nächsten Versuch alles besser zu machen? Ich aber bin der Meinung, es kann keine EU geben, die auf Dauer funktioniert. Die Widersprüche sind einfach zu groß und die Interessen der EU-Staaten zu unterschiedlich. In einigen Jahren oder Jahrzehnten wird man ein neuerliches Scheitern eingestehen müssen. Folgt dann ein weiteres Experiment? Wie oft und wie lange noch sollen die EU-Bürger vertröstet und hingehalten werden? Wird man jemals eingestehen, dass die EU ein kontraproduktives Monstrum ist, das lediglich den großen Global Playern dient und deren Expansions- und Monopolisierungsgelüste unterstützt?

Dexit oder Auflösung der EU?

Der einfachere Weg wäre sicherlich der Dexit. Denn über seinen Austritt kann Deutschland selbst entscheiden. Am besten wartet man ab, wie es mit dem Brexit läuft. Stehen die Briten ohne EU in einigen Jahren besser da als vorher (was zu erwarten ist), verliert der EU-Austritt seine Schrecken und die dummdreiste Dauerpropaganda der EU-Lobby büßt ihre Glaubwürdigkeit ein. Eine geordnete Auflösung der gesamten EU wäre zwar auch nicht schlecht, scheint mir aber doch wesentlich unwahrscheinlicher (weil sich manche Staaten von der EU-Subventionspolitik und der Transferunion noch immer Vorteile erhoffen). Es gibt natürlich noch eine dritte Variante, nämlich die Gefahr eines Zusammenbruchs der EU. Auslöser könnte eine Weltwirtschaftskrise sein oder die abenteuerliche Politik der EZB mit ihrer Billiggeldschwemme.

Die Gegenargumente der allmächtigen EU-Lobby

• „Der EU-Austritt Deutschlands würde zum Chaos an den Finanzmärkten führen.“
Diese Behauptung hat sich eigentlich schon durch den Brexit widerlegt. Wo gibt es da ein Chaos? Es geht also den EU-Verfechtern nur darum, Panik zu verbreiten und Ängste zu schüren. Dass man ausgerechnet die Finanzmärkte als Hauptargument ins Spiel bringt, ist mehr als dreist: Denn gerade der Euro erweist sich doch als Inbegriff einer abenteuerlichen Geldpolitik (mit unbekanntem Ausgang).

114

• **Gemutmaßt wird, ein Dexit könnte zur Währungsabwertung führen und damit die Inflation antreiben.** Andere wiederum befürchten das Gegenteil, also eine Aufwertung der DM, die deutsche Exporte verteuern würde. Wie auch immer (ich halte eine Aufwertung für wahrscheinlicher): Das alles ist Kaffeesatzleserei. Zudem sind Währungschwankungen etwas ganz Normales und Notwendiges. Weil sie zum Ausgleich der Handels- und Leistungsbilanz beitragen. An diesem Ausgleich sollte doch eigentlich allen Handelspartnern gelegen sein.

• **„Deutschland würde nach einem Dexit vermutlich seine starke Position als Wirtschaftsmacht einbüßen."**
Aber dieser Verdacht widerspricht jeglicher Logik! Wenn unser Staat nicht mehr dem Brüsseler Diktat unterworfen ist, wenn es sich von der europäischen Paragrafenflut mit seiner kontraproduktiven Subventionspolitik befreien kann, dann ist das doch nur von Vorteil! Noch wichtiger aber: Ein unabhängiger, freier Staat kann sich gegen den europäischen und globalen unlauteren Wettbewerb (Lohn-, Steuer-, Öko-, Zins- und Sozialdumping) über Importzölle schützen. Er darf auch wieder eine eigene Währung haben, muss nicht Euro-Partner über Schuldenerlasse stützen und Unsummen nach Brüssel überweisen. Er ist dann auch nicht mehr gezwungen, sich an einer ruinösen, abenteuerlichen Billiggeldschwemme zu beteiligen.

Grundsätzlich fällt auf, dass das EU-Panikorchester mit Eventualitäten Ängste schürt. Es „könnte", „es wäre möglich" usw. Eine solche Rhetorik ist wenig seriös, denn es gibt rein gar nichts, was nicht passieren „könnte" (die Erde könnte morgen explodieren, der Himmel über der Erde einstürzen, Außerirdische „könnten" die Welt erobern). Es geht also weniger darum, was nicht alles sein könnte, wichtig ist, was wahrscheinlich ist und unter normalen Umständen erwartet werden kann.

• **Eine weitere These: Als Exportnation sei Deutschland der Hauptnutznießer der EU!**
Und das wagt man zu sagen, obwohl doch bekannt ist, dass hierzulande die Löhne und Renten seit 1980 gesunken sind (im Gegensatz zu vielen anderen EU-Staaten) und die Arbeitslosenzahlen sich in den letzten 60 Jahren verzwanzigfacht haben. Nochmals: Wer viel exportiert, der muss auch viel importieren (ein großes Ungleichgewicht ist auf Dauer nicht hinnehmbar). Und eine Exportabhängigkeit ist alles andere als erstrebenswert, sie ist auch nicht wohlstandsfördernd. Denn mit dem Exportwahn lebt das Land auf einem ewigen Pulverfass. Ständig muss man bangen, von anderen Staaten überholt zu werden und Absatzmärkte zu verlieren. Und eine Weltwirtschaftskrise bekommt ein „Exportland" doppelt und dreifach zu spüren.

- **„Den schwachen EU-Ländern fehlt nach dem Dexit die deutsche Entwicklungshilfe."** Polen zum Beispiel bekommt über die EU einen jährlichen Nettotransfer von über zehn Milliarden Euro. Diese Summe könnte nach einem Dexit natürlich nicht mehr aufgebracht werden. Aber wäre das so schlimm? Schließlich leidet auch Polens Wirtschaft unter den Fehllenkungen der Subventionspolitik. Außerdem könnte Polen gleichfalls aus der EU aussteigen und sich damit der Brüsseler Gängelung und Bürokratie entledigen. Das wäre ein gewaltiger Befreiungsschlag! Als wirklich souveräner Staat wäre Polen auch in der Lage, überfällige Schutzzölle zu erheben, um seine Industrie endlich dem unfairen globalen Dumpingwettbewerb zu entziehen.

- **„Ohne den Zugang zum EU-Binnenmarkt wären 360 Millionen Konsumenten futsch!".** Haben souveräne Staaten wie Japan, China, die USA, Großbritannien etwa keinen Zugang mehr zur EU, können sie dort nichts mehr verkaufen? Das wäre mir neu. Wie kann man nur einen derartigen Schwachsinn verbreiten!

- **„58 % der deutschen Exporte gehen in EU-Staaten."**
Ja und weiter? Es ist nichts Ungewöhnliches, wenn mit Nachbarländern ein engerer wirtschaftlicher Kontakt besteht. Dies war aber auch vor der EU schon so und ist weltweit üblich. Und durch das Ausscheren Großbritanniens sinkt die schmeichelhafte 58-%-Quote sowieso deutlich. Ich wiederhole es nochmals: Exporte sind keine Einbahnstraße, sie führen in der Regel zu entsprechend hohen Importen (also einer Importabhängigkeit).

- **„Der Dexit wird Europa schwächen!"**
Der Dexit wird die EU schwächen – nicht aber Europa (diese beiden Begriffe werden ja liebend gern miteinander verwechselt). Der Dexit wäre vermutlich der Anfang vom Ende der EU: Die unheilvolle Union würde sich nach dem Ausscheiden Deutschlands früher oder später auflösen, der europäische Albtraum wäre damit beendet. Das dürfte Europa wesentlich stärken. Denn alle Länder könnten längst das deutsche Wohlstandsniveau erreicht haben, wären sie souverän und könnten ihre Volkswirtschaften über Zölle vor der übermächtigen Konkurrenz der Global Player und der fernöstlichen Billigstlohnländer schützen.

- **„Zollschranken und Grenzkontrollen könnten zurückkommen!"**
Soll das nun eine Warnung oder ein Versprechen sein? Die Wiedererrichtung von Zollschranken und Grenzkontrollen ist doch gerade der Sinn des Dexit, darum geht es. Weil ein souveräner, handlungsfähiger Staat nun einmal auf diese überall in der Welt üblichen

Standards zur Wahrung der Grundrechte angewiesen ist.

• **„Ausländische Anlagegelder würden nicht mehr nach Deutschland fließen!"**
Warum denn nicht? Deutschland ist einer der wirtschaftlich und politisch stabilsten Staaten der Welt. Und gerade hierhin sollten dann keine Gelder mehr kommen? Einfach lächerlich!

• **„Antideutsche Ressentiments könnten wieder aufkochen!"**
Diese Ressentiments gibt es schon lange, gerade wegen der EU! Weil sich viele EU-Staaten von uns übervorteilt wähnen. Deutschland selbst trägt mit seiner prahlerischen Erfolgspropaganda zu diesem falschen Eindruck bei (vermeintlich niedrige Arbeitslosenquote, hoher Handelsbilanzüberschuss usw.). Nach dem Dexit könnte uns niemand mehr ein Schmarotzertum vorwerfen oder fürchten, vom deutschen Kanzler bevormundet oder vereinnahmt zu werden. Um seinen Ruf in Europa weiter zu verbessern, könnte Deutschland großzügig Hilfen nach Art des Marshallplans vergeben. Das käme billiger als die jetzigen EU-Transfers, wäre ehrlicher und sicher auch weitaus effektiver.

3 : 97

Betrachtet man es nüchtern, sprechen nur etwa 3 % aller seriösen Argumente für, 97 % aber gegen die EU. Das erhabene Geseiere, die abgehobenen Verklärungen – all das entpuppt sich bei näherer Betrachtung als betörender Sirenengesang. Wer einerseits tönt (Macron), die EU „verbindet Demokratie mit Marktwirtschaft, individuelle Freiheiten mit sozialer Gerechtigkeit", gleichzeitig aber von einem europäischen Bürgerkrieg spricht („dessen Existenz wir nicht zugeben wollen") und eine Neugründung der EU verlangt, hat nach meinen Empfinden seine Glaubwürdigkeit verloren.

Die (uneinsichtige) Hoffnung zu schüren, die EU doch noch reformieren zu können, halte ich angesichts jahrzehntelanger Experimente für unverantwortlich! Mit den ständigen Flickschustereien verliert sich die EU mehr und mehr in bürokratischen Irrwegen. Der Euro z. B. war einst auch angetreten, um die EU zu retten. Und was ist daraus geworden? Die EU ist dermaßen komplex, dass sie in ihrer Gesamtheit zumindest für den Normalbürger kaum durchschaubar und bewertbar ist. Jeder Mensch versteht etwas anderes darunter. Nur aus dieser Vernebelung und Unkenntnis heraus ist die EU noch haltbar und lässt sich der Frust der Bevölkerung noch einigermaßen im Zaume halten. Inzwischen outet sich aber selbst in Deutschland jeder dritte Bundesbürger als EU-Gegner.

Wie konnte es angehen, dass der dichtbesiedelte deutsche Sozialstaat zum Vielvölker-

Einwanderungsland umfunktioniert wurde? Schleichend, ohne echte politische Legitimation? Dieses Husarenstück war doch nur möglich, indem laute Demagogen, naive Gutmenschen und verbissene Multikulti-Fanatiker ein deutschfeindliches Klima der Selbstverachtung schufen. Ein Klima, in dem jeder Umerziehungs-Unwillige als Ewiggestriger, Rassist, Fremdenfeind oder Neonazi abgestempelt wurde. Auf diese Weise haben sich das Establishment und die Strippenzieher der öffentlichen Meinungsbildung jegliche echte Opposition vom Halse gehalten.

Wie manipuliert man eine Bevölkerung?
Gans einfach: Indem man ihr immer wieder ein schlechtes Gewissen einredet – vor allem über das Staatsfernsehen. Indem man zum Beispiel in den Nachrichten ständig an lang zurückliegende Einzelfälle irrer Rassisten erinnert, daraus eine Verderbtheit der Gesellschaft und eine Kollektivschuld ableitet – und bei jeder Gelegenheit die Gräuel des Holocaust und des 2. Weltkriegs aufleben lässt. Einem derart gedemütigten und verunsicherten Volk kann man fast alles unterjubeln. Selbst den Euro, die EU, die Schuldenunion, die Nullzinspolitik und die schleichende Umwandlung der eigenen Heimat zu einem offenen Vielvölkerstaat.

PS: Sind die realen Nettolöhne und Renten wirklich gesunken?
Ich weiß, viele Leute wollen den Niedergang nicht wahrhaben, weil amtliche Statistiken zumeist etwas völlig anderes suggerieren. Wobei aber viele Verschlechterungen ignoriert und Apfel mit Birnen verglichen werden. In meinen Büchern und auch im Internet finden Sie erläuternde Abhandlungen unter www.das-kapital.eu/lohnentwicklung.html oder www.anti-globalisierung.de/kaufkraft-deutschland.html oder www.anti-globalisierung.de/reallohn.html. Was die Verschleierung der realen Arbeitslosenzahlen betrifft, empfehle ich die Seite www.anti-globalisierung.de/arbeitslosenzahlen.html.
Einige Erläuterungen zur Pro-Kopf-Einkommensentwicklung finden sie auf Seite 141 dieses Buches.

Aus der Präambel des deutschen Grundgesetzes:

„... von dem Willen beseelt, als gleichberechtigtes Glied in einem vereinten Europa dem Frieden der Welt zu dienen ...“

Was bedeuten diese einleitenden Worte zu unserer Verfassung? Wird nicht, über den Köpfen der Bevölkerung hinweg, eine Vision angestrebt, die vermutlich unerfüllbar ist und letztlich zur Selbstzerstörung der eigenen Nation führt? Wie konnten die Begründer unserer Verfassung sich anmaßen, ein vereintes Europa als absolute Zielvorgabe zu bestimmen? Ohne absehen zu können, welch weitreichende Folgen diese fixe Idee auf die Entwicklung des Landes haben könnte? Multikulti-Euro, Transferunion, Billiggeldschwemme, Nullzinsphilosophie – all das (und noch vieles mehr) findet seinen Ursprung in der Präambel unserer Verfassung.

Der souveräne Staat wurde quasi von Beginn an infrage gestellt. Die Deutschen sollten kein Recht haben, selbst über das Schicksal ihrer Heimat zu bestimmen. Der Bürger als oberster Souverän? Wie soll das funktionieren, wenn die Verfassung von vornherein die Auflösung des Staates vorsieht, um in einem „vereinten Europa“ (einem bunten Sammelsurium von Kulturen und Sprachen) aufzugehen?

Und was ist mit den anderen Nationalstaaten, wurden die gar nicht gefragt? Auch in dieser Hinsicht ist unsere Präambel äußerst anmaßend. Denn ein vereintes Europa erfordert schließlich die Zustimmung aller Völker. Gibt es auch nur einen einzigen europäischen Staat (außerhalb Deutschlands), der ähnliche Ambitionen in seiner Verfassung verankert hat? Vermutlich nicht, weil nach meinem Rechtsverständnis eine solche Vorgabe auch völlig illegitim wäre. Ob sich souveräne Staaten zu einer Supermacht zusammenschließen, können doch eigentlich nur die Bürger selbst entscheiden (über eine bundesweite Volksabstimmung). Und nicht die 71 Urheber der Verfassung (nach welchem Kriterien wurden die überhaupt ausgewählt).

Ein nationaler Selbstzerstörungspassus ist bereits in der Präambel des deutschen Grundgesetzes eingebaut!

Was ist eine repräsentative Demokratie noch wert, wenn alle Entscheidungen unter dem Dogma des „vereinten Europas" stehen?

Dann stecken doch die gewählten Volksvertreter in einer Art Zwangsjacke. Sie dürfen nicht mehr danach gehen, was das Beste für das Wohl der eigenen Bevölkerung wäre. Sie müssen die Bürgerinteressen immer hintenan stellen und Dinge befürworten, die dem Ziel des vereinten Europas entsprechen. Was dabei herauskommt, lässt sich vielfältig beobachten: Sinkende Löhne seit 1980, eine Vervielfachung der Arbeitslosenzahlen, eine schleichende Enteignung über die Nullzinspolitik, Neid, Missgunst zwischen den sich ewig benachteiligt fühlenden Mitgliedstaaten usw.

Muss jeder Abgeordnete, der sich nicht dem Diktat der „vereinten Europas" unterwirft, vom Verfassungsschutz beobachtet werden?

Darf ein demokratisch gewählter Abgeordneter in dieser entscheidenden Systemfrage keine eigene Meinung mehr haben? Darf er nicht die Wünsche seiner Wähler vertreten? Weil die Verfassung das Aufgehen des Staates in einem vereinten Europa nun einmal als Grundbedingung vorsieht? Damit hätte man alle unliebsamen politischen Gegner kaltgestellt. Wer nicht pariert, wird als Verfassungsfeind verfolgt und ist damit politisch mausetot.

Meine Meinung: Es ist überfällig, den fatalen Passus des „vereinten Europas" aus unserer Präambel zu entfernen. Er ist nicht mehr zeitgemäß, erstickt die Handlungsfähigkeit unserer Volksvertreter und steht im krassen Widerspruch zu einer repräsentativen Demokratie.

Ein unüberlegter Satz in der Präambel unseres Grundgesetzes bestimmt das Schicksal der ganzen Nation. Seit nunmehr über 70 Jahren.

Freihandel = wirtschaftliche Anarchie = Kasinokapitalismus

Trotz aller Plagen, die über Deutschland und die Welt gekommen sind (Corona, Zusammenbruch der Lieferketten, Ukrainekrieg, seit 40 Jahren sinkende Reallöhne und Renten, seit 10 Jahren enteignende Nullzinspolitik usw.) verteidigt die allmächtige Kapitallobby noch immer den Freihandel als oberstes Gut, als wichtigsten Garant für Frieden und Wohlstand.

Schon der Begriff „Freihandel" verkörpert die ungenierte Irreführung!

Denn offiziell steht dieser harmlos klingende Begriff für den Verzicht auf Zölle und Handelshemmnisse, also eine wirtschaftliche Anarchie, in der zum Beispiel Lohnunterschiede von 1000 % schutzlos aufeinanderprallen. Wer mag bei solchen Unwuchten noch von einer fairen Marktwirtschaft reden? Doch wohl nur Zyniker oder abgebrühte Demagogen! In der öffentlichen Wahrnehmung dagegen verkörpert das Wort „Freihandel" eher den natürlichen Warenaustausch zwischen den Nationen, wobei mit dem Freihandelsbegriff die alles entscheidende Zollverdammnis kaum assoziiert wird.

Wieso darf der Begriff „Freihandel" von der Globalisierungslobby verengt und vereinnahmt werden?

Von einem Freihandel kann man doch auch sprechen, wenn zur Rettung der sozialen Markt- und Volkswirtschaft angemessene Einfuhrzölle erhoben werden. Denn auch wechselseitige Einfuhrzölle erlauben schließlich den ungehinderten Warenverkehr. Die Erhebung von Zöllen ist nicht mit einem Außenhandelsverbot gleichzusetzen. Latent wird aber genau dieser Eindruck erweckt! Streng genommen ist es genau umgekehrt: Erst Zölle sorgen für ein Gleichgewicht und die notwendige Fairness im Welthandel, die ein freies Wirtschaften benötigt. Der dogmatische Verzicht auf Zölle dagegen führt zur Unfreiheit, weil er das gnadenlose Lohn-, Sozial- und Ökodumping erzwingt.

Die Deglobalisierung (Zollanhebung) würde bedeuten, dass Superreiche nicht mehr alle Staaten gegeneinander ausspielen können. Klar doch, dass sich das Establishment gegen ein solches Szenario wehrt.

Ohne Zölle gilt das Gesetz des Dschungels!

Es ist geradezu eine Frechheit, unter den seit Jahrzehnten herrschenden Bedingungen von einer sozialen Marktwirtschaft zu reden! Man sieht es doch an Deutschland: Warum wohl sinken seit 1980 hierzulande die realen Nettoeinkommen und Renten? Warum stirbt eine Branche nach der anderen bei uns aus, selbst die einst führende, staatlich geförderte Solarindustrie? Weil nun einmal die krassen Unterschiede bei den Standortbedingungen, bei Löhnen, Sozialkosten, Umweltauflagen, Subventionen und Steuern keinen fairen, prosperierenden Wettbewerb mehr zulassen.

Der Zollfreihandel steht für eine weltweite Ausbeutung!

Für eine Ausbeutung der Umwelt, der Ressourcen und nicht zuletzt der gesamten Menschheit. Wenn es letztlich nur noch darum geht, die Konkurrenz im Preis zu schlagen, triumphiert das Großkapital, das globale Dumpingsystem. Und damit die Superreichen, die Konzerne, die Spekulanten und alle, die in dieses lukrative Lobbysystem involviert sind.

Der Zollfreihandel sorgt für lange Lieferketten!

Weil es in der weiten Welt immer einen Hersteller gibt, der ein bestimmtes Teil noch billiger anbieten kann. Es tobt ein weltweiter Unterbietungswettbewerb, der eigentlich extrem kontraproduktiv ist. Weil schließlich die gepriesene internationale Arbeitsteilung eine Unmenge von zusätzlichem Arbeitsaufwand und Energieverschwendung erfordert (lange Transportwege, Rechtsstreitigkeiten, Qualitätskontrollen, Dolmetscher, Zöllner usw.). Sind Zulieferer in der Nähe der Großfabrik angesiedelt, ist der gesamte Produktionsablauf unkomplizierter, anpassungsfähiger und schneller, können Probleme viel leichter behoben werden.

Gäbe es weltweit gleiche Löhne, Öko- und Sozialstandards, wäre der verherrlichte Zollfreihandel mausetot, würde man lange Lieferketten als absoluten Irrsinn bezeichnen!

Das Risiko der langen Lieferketten trägt der Steuerzahler!

Nicht nur in Bezug einer erhöhten Pandemiegefahr (z. B. Corona). Wenn die Bänder wegen ausbleibender ausländischer Zulieferungen in Deutschland stille stehen, muss der Staat über das Kurzarbeitergeld einspringen. Konzerne sparen an der Lagerhaltung, verzichten auf inländische Zulieferer im Vertrauen auf das Kurzarbeitergeld. Warum lässt unser Staat diese Risikoabwälzung überhaupt zu? Doch sicher nur, weil er durch den Zollverzicht erpressbar geworden ist, weil er fürchtet, durch ausbleibende Staatshilfen und Alimentierungen auch noch die letzten Industriebereiche zu verlieren.

Wie sollen Entwicklungs- und Schwellenländer ohne Schutzzölle auferstehen?

Wenn hemmungslos unverzollte Billigwaren ins Land strömen, kann sich dort keine eigenständige Volkswirtschaft aufbauen. Erst wenn der übermächtige Konkurrenzdruck von außen eingedämmt wird, lohnt es sich für heimische Hersteller oder auch ausländische Investoren, überhaupt aktiv zu werden. Jedes arme Land ließe sich in einen blühenden Industriestaat umwandeln, wenn die Voraussetzungen dafür gegeben sind. Ist wegen zu lascher Zölle der importierte Konkurrenzdruck zu hoch, kommen Existenzgründungen und Industrieansiedlungen gar nicht erst in Betracht.

Meine persönliche Ansicht:
„Ein Produkt, das einen 30-prozentigen Einfuhrzoll nicht verträgt, hat es nicht verdient, importiert zu werden!"

Ein Zoll darf nicht als Strafe, Abschottung oder Handelskrieg verstanden werden! Die empfohlene Höhe von 30 % entspringt nicht irgendeiner Phantasie oder Willkür, sie entspricht vielmehr dem durchschnittlichen Steueraufkommen bei einer alternativen, inländischen Fabrikation. Der Staat holt sich über den Zoll also nur das zurück, was ihm bei der Wareneinfuhr an Einnahmen entgeht. Würden alle Staaten nach einer schrittweisen Anhebung in ca. 10 Jahren generell einen 30prozentigen Importzoll erheben, würden wir in einer weit besseren und gerechteren Welt leben. Davon bin ich überzeugt!

„Aber die Anhebung der Zölle würde doch alles nur teurer machen und die Inflation anheizen!"

Auch diese Argumentation entpuppt sich bei näherer Betrachtung als Verschwörungstheorie bzw. absolute Panikmache. Denn die Einnahmen aus dem Zoll veschwinden schließlich nicht in einem schwarzen Loch oder landen auch nicht in den Taschen korrupter Politiker. Sie dienen ebenso wie Steuern der Staatsfinanzierung. Die Zolleinnahmen würden es also erlauben, die Beitrage für die Sozialversicherungen schrittweise abzusenken.

Eine De-Globalisierung hat nichts mit Abschottung zu tun!

Auch wenn skrupellose Demagogen uns das gehirnwäscheartig eintrichtern wollen. Niemand will den Welthandel abschaffen, er muss lediglich auf ein vernünftiges Maß gestutzt werden. Die so vehement betriebene Ex- und Importabhängigkeit war ein verhängnisvoller Irrweg. Aber es gehört wohl zu viel Größe und Mut dazu, dies auch einzugestehen.

Die Verdammung des Protektionismus ist ein Lehrbeispiel für die weitverbreitete Verdummungsrhetorik.

Der offene und ehrliche Zollschutz, der dem Staat hohe Einnahmen beschert (mit denen
er zum Beispiel die Krankenversicherungen finanzieren könnte), wird geächtet. Und die
wirklich schlimmen Abartigkeiten des Protektionismus werden still und heimlich geduldet, werden totgeschwiegen. Wenn Konzerne mit Subventionen, niedrigen Steuern und
einem ganzen Arsenal von Fördermaßnahmen verwöhnt werden, gibt es keine Einwände
seitens der Politik und der Medien. Denn dann ist ihre heile Welt des Kasinokapitalismus
vollkommen in Ordnung. Der Vergleich:

Guter Protektionismus:

Offene und ehrliche Zölle dezimieren die Macht der Konzerne. Staaten sind dadurch
kaum noch erpressbar. Es fließen hohe Einnahmen, die zur Finanzierung des Sozialstaates herangezogen werden könnten. Wäre doch nicht schlecht, wenn in Deutschland
zum Beispiel kein Erwerbstätiger und Rentner mehr Krankenversicherungsbeiträge zahlen müsste (das würde die Arbeitskosten im internationalen Vergleich deutlich absenken).

Schlechter Protektionismus:

Subventionen, Investitionsförderungen, niedrige Unternehmenssteuern, firmengerechte
Infrastrukturmaßnahmen usw. Sie kosten dem Staat Unsummen und verzerren (schwächen) die Marktwirtschaft. Sie führen zum Beispiel zu Automatisierungen, die eigentlich
kontraproduktiv sind. Kein Wunder, dass sich das einst übliche hohe Produktivitätswachstum in den letzten 60 Jahren nahezu in Luft aufgelöst hat.

Was also soll man davon halten, wenn ausgerechnet der segensreiche Zoll-Protektionismus von der Politik und den Medien heftig bekämpft und als Abschottung und Handelskrieg diffamiert wird, der bösartige Subventions-Protektionismus aber nicht beanstandet wird?

„Wir können nicht davon leben, Autos nur in Deutschland zu verkaufen!"

Genau da verbirgt sich der strategische Denkfehler! Denn der Rückgang der Autoexporte
geht logischerweise einher mit der Renaissance verloren gegangener Industriebereiche.

Wir liefern bei weltweit höheren Zöllen zwar weniger Autos ins Ausland, dafür produzieren wir aber wieder unsere eigenen Solarmodule, Textilien, Büromaschinen, Smartphones, Autokabelbaumstränge, Mikrochips usw. Es ist fast schon kriminell so zu tun, als sei ein Exportrückgang eine abwärts führende Einbahnstraße. Die realen Lohneinbußen seit 1980 zeigen doch, dass eine künstlich entfachte Aufblähung des Welthandels zu nichts führt und völlig kontraproduktiv ist.

„Aber wenn wir die Billiglohnländer in Asien, Afrika und Südamerika ordentlich ausbeuten, kann das doch für uns nur zum Vorteil sein!"
Auch dieses Schmarotzerdenken ist ein großer Irrtum. Weil eben von der so erzielten Ersparnis hauptsächlich die Konzerne und Spekulanten profitieren. Und weil die Auslagerung von Industrien und Produktionsteilen ins ferne Ausland eine ganze Reihe zusätzlicher Kostenbelastungen und Risiken mit sich bringt. Nicht nur der Transport verursacht einen erheblichen Zusatzaufwand, auch die zusätzlich benötigten Juristen, Dolmetscher, Unterhändler, Zollabfertiger, Kontrolleure, die Gefahr von Produktfälschungen und Patentverletzungen gehen mächtig ins Geld (verschlingen ein Großteil des durch das Lohn- und Ökodumping eingesparten Reibachs). Das eigentliche Dilemma aber ist, dass vom globalen Lohndumping auch das eigene Einkommen betroffen ist und die Gewerkschaften seit 1980 Lohnanpassungen unterhalb der Inflationsrate akzeptieren müssen (weil die Arbeitgeber mit Auslagerungen drohen).

Was muss noch passieren, um den künstlich aufgeblähten Welthandel als Irrweg anzuerkennen? Reichen die bisherigen „biblischen" Plagen noch nicht aus? Die da sind:
• erhöhte Pandemiegefahr (z. B. Corona),
• Zusammenbruch der Lieferketten, Produktionsstillstand, leere Regale, lange Lieferzeiten
• hohe Inflationsraten trotz aller Bilanzierungstricks,
• seit 40 Jahren sinkende Reallöhne und Renten,
• in 60 Jahren Verzwanzigfachung der Arbeitslosenzahlen in Deutschland,
• Fachkräftemangel in unterbezahlten Berufen,
• seit 10 Jahren eine enteignende Nullzinspolitik,
• völlige Abkehr von den Grundprinzipien der Marktwirtschaft,
• Umweltzerstörungen durch unnötigen Warentourismus,
• starke wirtschaftliche Abhängigkeit von autoritären Staaten,
usw., usw.

Bilden frisierte Statistiken und die staatliche Propaganda die Basis für unsere Demokratie?

Was wäre, würden nicht ständig über geänderte Statistik-Berechnungsgrundlagen Regierungserfolge vorgegaukelt? Wie würde das Wahlvolk reagieren, wenn nicht regelmäßig über das Staatsfernsehen Statistiken signalisieren, es laufe alles gut, es gäbe keinen Grund zur Besorgnis? Kann es sein, dass bei unverfälschten Vergleichszahlen mit früheren Zeiten (die den Niedergang verdeutlichen), Bundestagswahlen ganz anders ausgegangen wären und unsere Demokratie eine ganz andere wäre?

Die realen Einkommensentwicklungen und die Zahl der Arbeitslosen sind entscheidend für den Wahlausgang!

Und dabei wird getrickst bis zum Gehtnichtmehr. Weil eben die Ermittlungskriterien von einst immer wieder dahingehend abgeändert wurden, dass der Negativtrend in einen Erfolg umgemünzt werden konnte.

Schon bei der Geldentwertung wird getrickst!

Die (allgemein unbeachtete) 2002 eingeführte hedonische Inflationsberechnung bagatellisiert die Geldentwertung, weil sie technologische Fortschritte als indirekte Verbilligung verbucht. Selbst wenn z. B. der Preis eines Smartphones sich in zehn Jahren deutlich erhöht hat, kann er die Inflationsrate kräftig nach unten drücken – weil das Gerät leistungsfähiger geworden ist.

Die Inflationsrate dient als Basis für die Ermittlung der Einkommensentwicklung. Je niedriger die amtlich bestimmte Geldentwertung, desto höher der vermeintliche Lohnzuwachs. Vergleiche mit früheren Inflationsdaten (vor 2002) sind wegen der neuen (verharmlosenden) Berechnungsmethoden irreführend, werden jedoch trotzdem immer wieder herangezogen. Dabei gibt es noch eine Reihe anderer Tricks, das eigentliche Ausmaß der Inflation zu verschleiern.

Tragisch wirkt sich eine zu niedrige Inflationsbemessung bei den alljährlichen Lohntarifverhandlungen aus. So ist es dann auch kein Wunder, wenn es offiziell immer wieder heißt, die Erwerbseinkommen seien in den letzten vier Jahrzehnten kräftig gestiegen, aber gleichzeitig eingeräumt wird, immer mehr Durchschnittsverdiener könnten ihre Miete nicht mehr aufbringen. Ein Widerspruch in sich.

Amtliche Statistiken vermitteln ein falsches Bild der Einkommensentwicklung!

Weil neben dem bereits erwähnten Umgang mit der Inflation (der hedonischen Kleinrechnung) immer wieder neue Berechnungsgrundlagen eingeführt und entscheidende Aspekte (zum Beispiel die Senkung der Rentenansprüche) unberücksichtigt bleiben.

Auch die Arbeitslosenzahlen haben keine relevante Aussagekraft mehr!

Weil immer neue Schlupflöcher eingeführt wurden, in die Erwerbslose „abgeschoben" werden können und somit die amtliche Statistik entlasten. Viele Betroffene werden in de vorgezogene Rente gedrängt, andere wiederum landen in Umschulungen, ABM-Maßnahmen usw. Würde es die ganzen Ausweichmanöver nicht geben, hätten sich die amtlichen Arbeitslosenzahlen seit 1962 sicher nicht verzwanzigfacht, sondern verhundertfacht. Besonders dreist und den Wähler verschaukelnd, wenn in diesem Zusammenhang auch noch penetrant der Arbeitskräftemangel ausgerufen wird.

Manipulation mithilfe des Berechnungszeitraums ...

Wie kann man Erfolge vortäuschen, selbst wenn es ständig bergab geht? Richtig, durch die Wahl des Vergleichszeitraumes. Man beruft sich also auf das Jahr mit den höchsten Negativwerten. In Bezug auf die Arbeitslosenzahlen wäre es das Jahr 2004, als durch die Umstellung auf das Hartz-IV-System die Statistik-Bereinigungen (ABM-Maßnahmen, Umschulungen, Lehrgänge, 1-Euro-Jobs, Kurzarbeit, Altersteilzeit, Frühverrentung usw.) noch nicht griffen. Doch selbst wenn nicht die Höchstwerte als Referenzwert dienen sondern mit Vorjahreszahlen jongliert wird, ist Vorsicht geboten. Weil eventuelle Sonderaspekte nicht berücksichtigt wurden (beispielsweise gigantische Konjunkturpakete auf Pump).

Die Zinsmanipulation verändert alles!

Alle Vergleiche und Zahlenwerke sind ihr Papier nicht wert, wenn durch eine Zinsmanipulation eine konjunkturelle Scheinblüte erzeugt wird. Wenn der Kreditzins statt bei sieben bei einem Prozent liegt, erzeugt das natürlich einen preistreibenden Bauboom (und Fachkräftemangel). Und einen allgemeinen Konsumrausch! Der Sozialstaat wird noch weiter aufgebläht, weil Bund, Länder und Kommunen kaum noch Zinsen zahlen müssen. Die Enteignung der Sparer und die Pervertierung der Marktwirtschaft haben aber böse Auswirkungen. Nach dem Abbrennen des Strohfeuers (dem Verprassen der vorgezogenen Kaufkraft auf Pump) folgt unausweichlich der Absturz.

„Zahlen zerstören, wo sie nicht hingehören ..."

Denn oft dienen sie der Desinformation. Das fiel mir gerade in den letzten Tagen wieder auf, als in vielen Medien genüsslich der Brexit als Misserfolg gefeiert wurde. Da kamen immer wieder Zahlen ins Spiel, die den britischen Niedergang belegen sollten. So wurde zum Beispiel der Rückgang der Exporte und des Außenhandelsvolumens dramatisiert, ohne die positiven Aspekte (geringere Ex- und Importabhängigkeit, kürzere Lieferketten) auch nur im Ansatz zu erwähnen.

Und überhaupt, was sagen derlei Daten schon über den allgemeinen Wohlstand und die Lebensqualität eines Landes aus? Deutschland prahlt seit Jahrzehnten mit seinem gigantischen Export- und Handelsbilanzüberschuss. Aber was bewirkt er? Die realen Nettolöhne und Renten sind trotzdem abgerutscht! Wo sind die Billionen Euro von Überschüssen, was bezwecken sie? Hat Otto Normalbürger etwas davon? Würde es diese hohen Überschüsse tatsächlich geben, hätte es doch eigentlich längst weltwirtschaftliche Verwerfungen geben müssen. Der Verdacht liegt nahe, dass Exportüberschüsse im vorgegebenen Ausmaß gar nicht existieren. Weil unser Staat bei Ausfuhren die Mehrwertsteuer rückerstattet (Exporte also subventioniert), was wiederum zu gigantischen Betrügereien (Karussellgeschäften) führt. Der diesbezüglich geschätzte Steuerschaden soll jährlich zwischen 40 und 60 Milliarden Euro liegen.

Aber zurück zum Brexit. Nach nur einem Jahr eine Bilanz zu ziehen, ist mehr als vermessen. Zumal Corona sowieso seriöse Vergleiche kaum zulässt. Von Vornherein stand fest, dass ein Austritt aus der EU zunächst einmal gehörige Umstellungsschwierigkeiten und Reibungsverluste verursacht. Ein seriöses Fazit lässt sich daher erst nach fünf oder zehn Jahren ziehen. Wobei dann noch die Frage im Raum steht, ob die amtierenden Regierungen die neue Freiheit auch redlich genutzt haben, um sich aus der Zwangsjacke des globalen Lohn- und Konzernsteuerdumpings zu befreien. Oder ob vielleicht Saboteure am Werk waren, die einen Erfolg absichtlich zu verhindern suchten (um die überwundene EU-Hörigkeit wieder aufleben zu lassen).

Ich wiederhole daher meine Eingangsfrage: Bilden frisierte Statistiken und die staatliche Propaganda die Basis für unsere Demokratie?
Für mich gibt es da als Antwort nur ein eindeutiges „Ja!". Aber diese Frage muss natürlich jeder Leser für sich selbst beantworten. Ich maße mir da keine Deutungshoheit an. Ich kann mir allerdings beim besten Willen nicht vorstellen, dass bei aufrichtigen, aussagekräftigen Statistiken es in den letzten 40 Jahren einen so betrüblichen Niedergang gegeben hätte. Dann wären sicherlich schon längst hartnäckig geschürte Vorurteile und verhängnisvolle Ideologien entlarvt und notwendige Kurskorrekturen eingeleitet worden. Dann hätte Deutschland schon längst die EU verlassen.

„Das ist rückwärtsgewandtes Denken ..."
Wieder so ein typisches Totschlagargument. Alles was Realitätsverweigerern nicht ins Konzept passt, wird als „rückwärtsgewandtes Denken" abgetan. Dabei geht mit dieser

bösen Voreingenommenheit ein wichtiges Korrektiv verloren. Denn es unterbindet die notwendige Rückbesinnung auf vergangene Zeiten und Erfahrungswerte. Man muss doch schließlich wissen, ob gesetzliche oder gesellschaftliche Veränderungen sich positiv oder negativ ausgewirkt haben. Der sture, tunnelartige Blick nach vorn, der alles verschmäht, was nicht den herangezüchteten, verträumten Ideologien vermeintlicher Gutmenschen entspricht, verheißt oft wenig Gutes.

Viele Menschen, die zum Beispiel die 1970er Jahre nicht bewusst miterlebten, haben ganz falsche Vorstellungen von damals. Sie können sich zum Beispiel gar nicht vorstellen, dass insgesamt betrachtet die Lebensqualität der Bundesbürger höher war als heute. Obwohl es damals noch keine Smartphones, Computer und hochauflösende Flachbildschirme gab. Ganz allgemein betrachtet konnten die genialen Errungenschaften in Wissenschaft und Technik den durch politische Fehlentscheidungen verursachten Schaden nicht aufwiegen. Das traurige Fazit: Mit dem Uraltwissen der 1970er und den Uraltmaschinen von damals haben die Deutschen (pauschal) besser gelebt als heute. Das ist eine sehr beschämende, aber notwendige Bilanz.

Mitverantwortlich für den schleichenden Niedergang war das fehlende Kontrollsystem, die fehlende regelmäßige Rückbesinnung. Wurde jemals geprüft, ob zum Beispiel die Aufhebung der Preisbindung Gutes bewirkt hat? Ob die Abschaffung der DM und der nationalen Grenzen (Schengen) richtig waren? Und hatten die Arbeitnehmerfreizügigkeit und die Niederlassungsfreiheit innerhalb Europas, die deutsch-europäische Asyl- und Einwanderungspolitik, die weitgehende Abschaffung der Zölle, die Liberalisierung der Finanzmärkte, die Akzeptanz von Kryptowährungen usw. positive Auswirkungen? Nein, derlei Erfolgskontrollen gab es nicht. Oder sie wurden nicht veröffentlicht. Weil deren Ergebnisse zu peinlich gewesen wären und Bundestagswahlen beeinflusst hätten. All solche Überlegungen wurden abgebürstet mit der dogmatischen Warnung eines „rückwärtsgewandten Denkens" bzw. einer „rückwärtsgewandten Politik" oder der ätzenden Polemik gegen vermeintlich „Ewiggestrige". Stattdessen wurden fleißig Phrasen gedroschen bezüglich „der enormen Herausforderungen, denen wir uns stellen müssen" (die Digitalisierungs-Panik z. B.). Dabei kreist die Gedanken- und Wahrnehmungswelt des richtungsweisenden (bevormundenden) linken ideologischen Zentrums offenbar in einem weitgehend abgeschirmten Paralleluniversum: Deutschland muss technologisch weltweit führend sein, um nicht abgehängt zu werden, um im globalen Vernichtungswettbewerb weiter bestehen zu können. Wie arrogant ist ein solches Herrenrasse-Syndrom, wie human ist dieser dauerhaft überfordernde Leistungsdruck? Sollen unsere jungen Generationen lernen und arbeiten bis zum Umfallen? Weil Regierungen es nicht wagen, sich über Zölle aus dieser Perversion abzukoppeln?

Wer besitzt die Deutungshoheit und wer maßt sie sich an?

Haben die Konzerne, das Establishment, die Altparteien und die ihnen ergebenen Medien immer Recht?

Seit über 40 Jahren befindet sich unser „Exportwunderland" im Niedergang (sinkende Reallöhne, Massenarbeitslosigkeit statt Vollbeschäftigung, schleichende Enteignung durch die Nullzinspolitik usw.). Dennoch meinen sich selbst überschätzende Meinungsbildner nach wie vor, sie besäßen die alleinige Deutungshoheit. In ihrem Luftschloss ignoranter Abgehobenheit halten sie eisern an ihren verschrobenen, längst widerlegten Dogmen fest. Unbeirrt, unbelehrbar, ohne jeden Selbstzweifel.

Ist zum Beispiel das System des globalen Lohn-, Konzernsteuer-, Ökologie-, Zins- und Zolldumpings wirklich alternativlos?

Gehört die hemmungslose Ausbeutung ausländischer Billiglöhner und knapper Ressourcen zum Geschäft, bildet sie die Grundlage des Kapitalismus? Darf es nur dieses Geschäftsmodell geben? Notorische Globalisierunglobbyisten, Abstiegsleugner und Gesundbeter wollen uns genau das immer wieder einreden.

Die Allmacht der Freihandelsideologen ...

Freihandel, das klingt so furchtbar edel, weltoffen und fortschrittlich. Aber was verbirgt sich hinter diesem Zauberwort? Es geht schlicht und einfach um die Ächtung/Verteufelung des Importzolls. Denn die weitgehende Abschaffung dieses wichtigen Steuerungsinstrumentes und dieser segensreichen Einnahmequelle wirkt wie ein modernes Ermächtigungsgesetz zugunsten der Global Player. Existieren keine nennenswerte Zölle, können Hersteller jederzeit mit der Auslagerung ihrer Produktionsstätten drohen – mit allen sich daraus ergebenden Folgewirkungen (Lohndumping, Massenarbeitslosigkeit, Pandemiegefahren, Umweltbelastungen usw.). Es dürfte eigentlich nicht allzu schwer sein, diesen sich verheerend auswirkenden Mechanismus zu verstehen.

Der perfekte Kreislauf der demagogischen Meinungsbildung und Umerziehung ...

Um glaubwürdig zu wirken, braucht es Geld und Macht. Diese Grundvoraussetzungen genügen, um ein Netzwerk sich gegenseitig bestätigender und stützender Einflussnahme zu etablieren. Establishment-Politik, Mainstream-Medien und abhängige Wirtschaftsforschungsinstitute bilden somit die Basis für einen perfekt funktionierenden Propagandaapparat. Was unaufhörlich in den Leitmedien aufgegriffen, ausgeweidet und kolportiert wird, was durch Gefälligkeitsgutachten oder genehme „Studien" bestätigt wird, gilt früher oder später als Konsens und unumstößliche Wahrheit. Selbst wenn absolut nichts dran ist und es sich um geschickt lancierte Ammenmärchen, Verschwörungstheorien oder Ablenkungsmanöver handelt.

Gegen den herangezüchteten Mainstream lässt sich kaum etwas ausrichten.

Auch wenn Maßnahmen noch so absurd und fragwürdig sind! Wenn zum Beispiel
• ein dichtbesiedelter Sozialstaat zum Einwanderungland erklärt wird
• oder man die mustergültige nationale Währung (DM) einem irrationalen Multikultigeld (Euro) opfert,
• wenn man sich infolgedessen auf eine jahrzehntelange Nullzinsphase und eine unabsehbare Transferunion einlässt,
• wenn man auf schützende Staatsgrenzen verzichtet
• und die europäische Niederlassungsfreiheit proklamiert –
es lässt sich alles verkaufen, schönreden und mit windigen Argumenten begründen. Denn unsere Welt ist inzwischen derart kompliziert geworden, dass Otto Normalbürger die tausendfachen weltwirtschaftlichen Verstrickungen, Verzahnungen und Spätfolgen gar nicht mehr erfassen kann. Nicht einmal ansatzweise. Sogar die meisten Politiker scheinen damit überfordert, auch sie sind oft Opfer der alle Vernunft übertönenden Mainstream-Dauerbeschallung (Gehirnwäsche).

Und so haben die Rädelsführer, Interessenvertreter und Claquere des Großkapitals leichtes Spiel, ihre Pfründe zu verteidigen. Dank ihrer Marktmacht besitzen sie die Deutungshoheit, bestimmen über Gut und Böse. Sie kanzeln als Populismus ab, was ihnen nicht in den Kram passt, überschütten „zwecks Rettung der Demokratie" Andersdenkende mit Hass und Häme und vereiteln somit zielführende Debatten über die wahren Herausforderungen unserer Zeit.

Würde die Zuwanderung eingedämmt und unsere Bevölkerungszahl sinken, gäbe es mehr Raum für Windkraft-, Biogas- und Solaranlagen. Und eine geringere Wohnungsnot.

Dummdreiste Behauptungen, gewagte Thesen, irreführende Statistiken, Wunschdenken ...

Wie mit einem Trommelfeuer unseriöser EU-Propaganda die Öffentlichkeit manipuliert und eingeschüchtert wird. Zum Nutzen Zehntausender EU-Profiteure, zum Schaden der Allgemeinheit und der Demokratie.

„Scheitert der Euro, dann scheitert Europa!"

Mit dieser Parole rechtfertigte die Bundeskanzlerin Angela Merkel 2010 den 100 Milliarden schweren Schuldenschnitt für Griechenland. Doch wurde Europa mit diesem gigantischen Hilfspaket gerettet? Eher nicht. Der Euro scheint den Zerfallsprozess der Europäischen Union noch zu beschleunigen.

Wie konnte unsere Kanzlerin von ihrer Mission überhaupt so überzeugt sein? Hatte sie hellseherische Fähigkeiten? Es handelte sich bei ihrer kühnen Ansage um eine simple persönliche Meinung, die nicht gerade von großem Sachverstand zeugt. Warum sollte denn eine EU ohne Einheitswährung nicht überlebensfähig sein? Warum wurde die Behauptung nicht durch überzeugende Argumente untermauert? Etwa weil es diese gar nicht gab? Sollten die Bürger lediglich über ein Weltuntergangsszenario eingeschüchtert werden?

Der Satz „Scheitert der Euro, dann scheitert Europa" ist ein typisches Beispiel für die Allmachtsphantasien gewählter Regierungschefs. Es wird etwas behauptet und kaum jemand aus der Regierungskoalition wagt zu widersprechen. Ist dies die moderne Form eines auf Gehorsam ausgerichteten Führerkults? Der Euro führte schließlich zur Billiggeldschwemme und zur Nullzinspolitik, sorgte dafür, dass Euro-Staaten sich supergünstig verschulden konnten, die Gesetze der sozialen Marktwirtschaft konterkariert, die Währung nicht mehr an die Stärke einzelner Volkswirtschaften angepasst und private Alterssicherungen zum Glücksspiel wurden. Gerade daran könnte Europa nun scheitern.

„Die Billiggeldschwemme ist nicht verantwortlich für das Überleben von Zombie-Unternehmen ..."

Bisher galt: Die bestehende, 2009 künstlich entfachte Billiggeldschwemme und Nullzinspolitik wirke auf die Markwirtschaft wie ein Krebsgeschwür, auch weil sie todkranken (unrentablen) Firmen ein Überleben ermögliche. Somit unterbleibe der notwendige marktwirtschaftliche Regenerierungsprozess. Neuerdings wird diese Erkenntnis angezweifelt. Manche Ökonomen behaupten nunmehr, dank billiger Kredite könnten marode Unternehmen gesunden, die Nullzinspolitik sei also unterm Strich sogar nützlich

(„Der Spiegel", Heft 3/2021 Seite 75). Stimmt das oder soll wieder einmal die ultra-lockere Geldpolitik schöngeredet werden?

Ich denke, Letzteres ist der Fall. Denn in Wirklichkeit sind die Überlebenshilfen für Zombies nichts anderes als ein verkappter Protektionismus. Kranke inländische Unternehmen sollen gerettet werden im Kampf gegen die ausländische Konkurrenz. Denn im gnadenlosen globalen Überlebenskampf zählen zunehmend Kreditkosten, Kriegskasse und finanzielles Durchhaltevermögen. Mit ausreichend Billigkrediten lässt sich heute nahezu jede marode Firma retten, das hat mit marktwirtschaftlichen Aspekten kaum noch etwas gemein. Mit genug Investorenkapital und der Inkaufnahme von jahrzehntelangen Verlusten lassen sich sogar quasi aus dem Nichts neue Konzerne aufbauen, die ihre alten Wettbewerber solange unterbieten, bis denen die Luft ausgeht. Auf diese Art lassen sich auch alles dominierende Monopole aufbauen.

Aber wie nützlich ist dieses staatlich geförderte Geld-Monopoly für die Volkswirtschaft? Werden dadurch Wachstum und Wohlstand generiert und gut bezahlte Arbeitsplätze geschaffen? Nein, es erfolgt nur eine sinnlose Umschichtung, eine ungeheure Vernichtung von Kapital. Konzerne wie zum Beispiel Neckermann oder Quelle verschwanden nicht, weil sie schlechter aufgestellt waren, sondern weil sie keine Investoren fanden, die einen zehnjährigen Dumpingwettbewerb finanziert hätten. Es geht also nur noch darum, wer den längeren Atem hat und wer was finanziert. Und da haben „Start-ups" die besseren Karten, weil sie die Phantasie beflügeln (sie wirken im globalen Spielkasino attraktiver, ihre Gewinnchancen sind höher). Ohne künstlich generiertes Billiggeld der Zentralbanken wären all diese absonderlichen Geschäftsmodelle nicht tragfähig, weil viel zu teuer und riskant.

„Nur Deutschland profitiert wirtschaftlich von der EU!"

Das ist die vorherrschende Meinung breiter Bevölkerungsschichten in den EU-Staaten. Den Deutschen geht es (scheinbar) gut, während es ihnen selbst oft mies geht. Also liegt doch auf der Hand, wer die Profiteure sind. So die sich aufdrängende Logik. Und diese Grundeinstellung schürt natürlich Ressentiments, Neid und Missgunst. Der sich dann auch in vermeintlich harmlosen Gradmessern widerspiegelt. Zum Beispiel dem ESC, dem „European Song Contest", der auffallend oft zu einem Sympathie-Contest mutiert (Deutschland scheint bisweilen den letzten Platz abonniert zu haben).

Übrigens hätte ohne die dubiose wirtschaftliche Verflechtung der EU-Staaten und dem daraus resultierenden Berufspendlertum auch das Coronavirus es weit schwerer gehabt, sich so rapide über den ganzen Kontinent auszubreiten. Ein durch Grenzen geschützter souveräner Staat bräuchte auch keine ausländischen Leih- und Werksarbeiter. Die verlangen nur solche Unternehmer, die das natürliche Lohnniveau im Inland herunterdrücken wollen/müssen. Denn nur durch Lohndumping können sie in einem zollfreien Markt überleben (mit den EU-Niedriglohnländern konkurrieren).

PS: Eine Mehrheit der Deutschen ist laut Umfragen immer noch für den Verbleib in der EU (bei der verklärenden Staatspropaganda wundert das nicht). Aber wir leben in einer parlamentarischen Demokratie! Wenn mehr als 40 % (bei einer neutralen Presse wären es vermutlich doppelt so viel) unserer Bürger die EU ablehnen, wie repräsentiert sich diese Stimmung im Bundestag?

„Aber anderen Industrienationen geht es doch viel schlechter als uns!"

„Wie kommt es, dass es Deutschland im Vergleich zu den meisten anderen Industriestaaten noch recht gut geht?" Diesen vernebelnden Alibisatz höre ich leider allzuoft.

Die Antwort: Wirtschaft, Politik & Medien haben es geschafft, nahezu weltweit das kontraproduktive Lohn-, Konzernsteuer-, Ökologie-, Zins- und Zolldumpingsystem als alternativlos darzustellen. Somit gibt es keine echten Vorbilder, alle Staaten erliegen der fatalen zollächtenden Globalisierungsideologie!

Außerdem leiden andere Länder meist noch mehr unter der Korruption, der Vetternwirtschaft, dem Bürokratismus, einer uneffektiven Verwaltung, behördlicher Willkür und mafiösen Strukturen. Natürlich spielt zusätzlich noch die über Jahrhunderte gewachsene Leistungsbereitschaft, die Gewissenhaftigkeit und der Arbeitseifer der Bevölkerung eine entscheidende Rolle. Dass sich beide Elternteile neben ihrer Hausarbeit und Kindererziehung bis zur Erschöpfung abrackern, ist keineswegs Weltstandard. Wobei zu berücksichtigen gilt, dass schon klimabedingt südliche Länder (heiße Zonen) benachteiligt sind (bei schlechtem bzw. kühlem Wetter arbeitet es sich halt besser als bei sengender Hitze). Ich bleibe dabei: Würden die krassen Grundsatzfehler in Deutschland behoben, würden die Bundesbürger zumindest das Doppelte verdienen und bräuchten keine ständige Angst vor einer Entlassung/Arbeitslosigkeit oder gar einem Kollaps des EZB/Euro-Finanzsystems haben.

„Es gibt keine Alternative zu unserer Politik!"

Auch diese beliebte Parole der herrschenden Klasse strotzt vor Überheblichkeit. Man wähnt sich quasi gottgleich und will die politische Debatte im Keim ersticken. Dabei lebt die Demokratie von der Auseinandersetzung um die besten Lösungsansätze. Dass sich die Probleme (weltweit, aber auch in Deutschland) dermaßen aufstauen konnten, liegt doch gerade an der abgehobenen Selbstherrlichkeit in Verbindung mit grenzenloser Ignoranz. Es sind die rücksichtslosen Pharisäer und Gutmenschen, die Demokratie und Toleranz predigen, aber keinen Widerspruch zulassen und unliebsame Realisten bekriegen, verleumden und verspotten (sie als Faschisten, Rassisten oder Revanchisten beschimpfen). Diese unreflektierten Leute sind dann oft auch noch stolz auf ihre rhetorische Begabung und Heldenhaftigkeit.

„Die Abgehobenheit der Gesinnungsmedien und deren Anspruch auf die alleinige Deutungshoheit sind die eigentlichen Ursachen einer sich ausbreitenden Spaltung unserer Gesellschaft."

„Unser Lebensstandard beruht doch nur auf der Ausbeutung von weniger entwickelten Staaten!"

Derlei Aussagen werden uns täglich um die Ohren gehauen. Sie sollen unser Selbstbewusstsein zermürben und uns gefügig machen für staatsfeindliche Ideologien (z. B. die Umwandlung zum Vielvölkerstaat). Dabei sind solche Anklagen von Grund auf falsch. Und auch dumm. Und ungerecht.

Es ist schließlich so: Die Hungerlöhne in fernen Ländern fallen letztlich auf uns zurück. Seit über 40 Jahren sinken in Deutschland die Reallöhne. Warum wohl? Weil die Hochlohnländer im knallharten Wettbewerb mit den Billiglohnländern stehen. Produktionen, die hier zu teuer sind, werden ins Ausland verlagert. Das führt dazu, dass bereits ein Fünftel der erwerbsfähigen Bevölkerung in Deutschland aus dem regulären Arbeitsprozess ausgemustert wurde und sich in der demütigenden offiziellen und verdeckten Erwerbslosigkeit befindet (bereits vor Corona).

Aber davon einmal abgesehen: Was würde geschehen, wenn beispielsweise Smartphones oder Textilien wegen höherer Löhne/Rohstoffpreise teurer würden? Die Produkte würden länger genutzt, der Neukauf hinausgeschoben. Das Konsumverhalten würde sich also zum Positiven ändern, die Umwelt geschont. Schon vor über 20 Jahren habe ich öffentlich gefordert, nur noch solche Produkte zu importieren, die nachweislich zu fairen Lohn-, Umwelt- und Arbeitsschutzbedingungen hergestellt wurden. Mit dem Lieferkettengesetz wurde meine Idee inzwischen aufgegriffen. Aber wird diese bahnbrechende Reform von der Politik beherzt mit Leben erfüllt? Da gibt es doch erhebliche Zweifel.

Fest steht: Die große Mehrheit der Bundesbürger wünscht sich nichts sehnlicher als eine weltweit faire Entlohnung. Denn das würde nicht nur ihr Gewissen beruhigen, sie würden davon auch wohlstandsmäßig profitieren (weil das globale Unterbietungssystem auch die heimischen Arbeitsentgelte beeinflusst). Es zeugt von fachlicher Inkompetenz zu behaupten, unser hoher Lebensstandard resultiere aus der Ausbeutung unterentwickelter Länder. Die wahren Nutznießer des Dumpingsystems sind Konzerne, Spekulanten, Global Player, Superreiche usw. Die Normalbürger in den Hochlohnländern sind letztlich Opfer des Systems – sie pauschal des Schmarotzertums zu bezichtigen ist eine ungehörige (rassistische) Diskriminierung.

„Würden Lieferketten gekürzt und Fabriken nach Deutschland zurückverlagert, würde unsere Wirtschaftsleistung um 10 % sinken!“

Diese Warnung des Ifo-Instituts wurde dem deutschen Fernsehvolk tatsächlich am 20 Januar 2022 in der „Börse vor acht“ untergejubelt. Damit angesichts stillstehender Produktionsanlagen wegen ausbleibender Zulieferungen ja niemand auf die Idee kommt, eine behutsame Deglobalisierung für sinnvoll zu halten. Warum sich vom Ausland unabhängiger machen, wenn doch über großzügige, staatlich finanzierte Kurzarbeitergeldregelungen stillstehende Fließbänder gar nicht so tragisch sind? Im Gegenteil: Die Warenverknappung sorgt für erwünschte Preissprünge. Sogar Gebrauchtwagen wurden erheblich teurer, weil das Überangebot wegen stockender Neuwagenproduktion abgebaut werden konnte (ein wahrer Segen für viele Autohändler).

Die Panikmache bezüglich der Gefahren einer Rückverlagerung von Fabriken nach Deutschland verdeutlicht einmal mehr, wie sehr die Menschheit manipuliert und verdummt wird. Denn natürlich kann niemand die tatsächlichen Auswirkungen einer Deglobalisierung im Voraus berechnen. Der Blick zurück lässt jedoch vermuten, dass die Verkürzung der Lieferketten mittel- und langfristig zu einem deutlichen Wohlstandsanstieg führen. Bis 1980 gab es nämlich in Deutschland einen beachtlichen jährlichen realen Lohnzuwachs (das sogenannte Wirtschaftswunder). Der Fetisch der „internationalen Arbeitsteilung“ leitete dann ein Umkehr ein (die realen Nettolöhne und Renten sanken auf breiter Front – trotz genialer Automatisierungsfortschritte).

Das war absehbar. Denn aufgrund des größeren Arbeitsaufwandes erweist sich die internationale Arbeitsteilung als kontraproduktiv. Und gefährlich obendrein. Weil Branchen meist nur überleben, wenn Forschung, Ingenieursleistung und Fertigung in einem Land eine Einheit bilden. Die alte anmaßende Herrenrasse-Ideologie „Wir entwickeln die Produkte, die dann im Ausland durch Ausbeutung der dortigen Arbeitnehmer billigst hergestellt werden!“ hat sich längst als Irrweg herausgestellt. Fast alle Branchen, in denen Deutschland einst führend war, haben sich hierzulande in Luft aufgelöst.

„Es wird keine Renaissance der Fabriken in den Hochlohnländern geben!"

„Weil ja angeblich eh längst alles automatisiert ist". Aber wieso zieht es denn die Hersteller immer noch in die Billiglohnländer? Eben weil auch in den modernsten Fabriken genug Arbeit anfällt. Die Wartung und Befüllung der Maschinen, die Überwachung der Produktionsabläufe, die Anbindung der Logistik – all das verlangt Fachkräfte. Die Automatisierung führt lediglich zu einer produktivitätssteigernden Verschiebung des Arbeitsaufkommens. Ein Teil des einstigen Arbeitsaufwandes wird vorverlagert in die Entwicklung und den Bau von Robotern, während sich die Arbeit am Fließband reduziert. Eine Maschinenbauindustrie kann sich aber auf Dauer nur dort halten, wo auch die Konsumgüterproduktion stattfindet.

Das Siechtum der industriellen Basis in den alten Industrienationen hat fatale Auswirkungen auf die allgemeine Lohnentwicklung eines Staates. Nicht nur die meisten deutschen Arbeitnehmer, auch zwei Drittel der US-Amerikaner verdienen heute weniger als 1979. Daraus schließen nun manche Ökonomen scheinheilig, die Gewerkschaften seien zu schwach, die Umverteilung stimmt nicht mehr. Aber wie sollen Gewerkschaften bessere Löhne aushandeln, wenn alle Arbeitnehmer heute einem weltweiten Unterbietungswettbewerb ausgesetzt sind (wegen fehlender Zölle)? Da beißt sich doch die Katze in den Schwanz.

Zu meinen, man könne in den Hochlohnländern einfach auf die Industriearbeitsplätze verzichten und den Dienstleistungssektor immer weiter ausbauen, ist ein Trugschluss. Das beobachten wir doch nun schon seit über 40 Jahren. Eine Volkswirtschaft, die viel importiert, muss auch Gegenleistungen erbringen. Und damit gerät ein solcher Staat in eine bedrohliche Abhängigkeitsfalle, die üblicherweise in einer unseriösen Billiggeldschwemme und einem schleichenden Niedergang mündet. Sich mit dem Niedergang der eigenen Industrie abzufinden ist meines Erachtens das Dümmste, was eine Regierung machen kann.

„Zum weltoffenen Multikulti-Staat gibt es keine Alternative!"

Aber wie viele Staaten unterwerfen sich dieser naiven Ideologie? Ihr folgten doch nur einige wenige westliche Saaten, in denen vermeintliche Gutmenschen die Debattenkultur beherrschten. Außer im schuldkomplex-beladenen Deutschland ist doch eine solche selbstzerstörerische Ergebenheit kaum mehr denkbar.

Wo also gibt es diesen weltfremden Multikulti-Fanatismus sonst noch?
Gibt es ihn in irgendeinem asiatischen oder afrikanischen Staat, in Japan, China, Indien oder Südamerika? Vor allem: Gibt es ihn in einem Sozialstaat, in dem es zugewanderten

erwerbslosen Familien finanziell oft besser geht als der arbeitenden heimischen Bevölkerung? Selbst klassische Einwanderungsländer (USA, Australien, Kanada), in denen die Indigenen ausgerottet oder verdrängt wurden, führen inzwischen heftige Abwehrkämpfe, was den Zuzug von Kriegsflüchtlingen und Wohlstandsnomaden betrifft. Obwohl dort, anders als im ultrasozial-naiven Deutschland, die Flüchtlinge weitgehend auf sich selbst gestellt sind.

Die deutsche Multikulti-Ideologie ist weltweit einzigartig, ein äußerst gewagtes Experiment! Nirgendwo sonst in der Welt grassiert die Idee, das eigene Territorium und den über Jahrhunderte erarbeiteten Wohlstand zum globalen Allgemeingut zu erklären, es also allen Erdenbürgern als neue Heimat zur Verfügung zu stellen („Jeder hat das Recht, in Deutschland Asyl zu beantragen!"). Man bewundert den Patriotismus in der Ukraine, aber denkt nicht daran, dass dieser in einem Vielvölkerstaat gar nicht möglich wäre. Selbst ich als alter Biodeutscher habe doch kaum noch eine Bindung zu meiner Heimat und fühle mich im eigenen Land eher als Fremdkörper.

So zu tun, als sei die barmherzige Multikulti-Ideologie alternativlos und weltweit üblich, ist die absolute Volksverdummung. Aber das wird wohl erst erkannt, wenn es zu spät ist. Wenn also eine Umkehr nicht mehr möglich und der kulturelle und gesellschaftliche Zerfall nicht mehr aufzuhalten ist. Deutschland wird zum gescheiterten Experiment naiver Träumer und anmaßender Wichtigtuer – ein abschreckendes Beispiel für zukünftige Generationen. Denn in einigen Jahrzehnten wird es vermutlich weder die EU noch einen echten deutschen Nationalstaat geben.

„Wir brauchen eine Koalition der Willigen!"

Das übliche Spiel: Von Überrumpelungs-Parteien/Politikern wird etwas angemahnt – und schon gilt es in unserem Cancel-Culture-Zeitalter als neue Leitlinie. Die Multikulti- und Einwanderungsland-Fanatiker verlangen also noch mehr Zuwanderung, pochen auf eine Erleichterung der „regulären Migration". Weil sie offenbar muslimisch geprägten Staaten nicht wirklich etwas zutrauen. Für sie ist es selbstverständlich, dass es für die dort beheimateten Zigmillionen Wohlstandssuchenden und „Schutzbedürftigen" nur ein Ziel geben kann: Nämlich Westeuropa. Wobei mit Westeuropa vornehmlich Deutschland gemeint ist.

Für diese Fanatiker spielt keine Rolle, wie die übrigen EU-Mitgliedsländer über die Zuwanderungen aus fernen, kulturfremden Staaten und Erdteilen denken. Obwohl viele Multikulti-Besessene das Christentum verachten, verweisen sie scheinheilig immer wieder auf das Gebot der Nächstenliebe. Damit meinen sie, die Christen (vor allem die christlichen Parteien) erpressen bzw. in die Pflicht nehmen zu können.

Schlimm, dass sie mit dieser perfiden Taktik auch noch Erfolg haben, dass Politik &

Medien kaum zu widersprechen wagen. Obwohl sich die große, schweigende Mehrheit der Biodeutschen strikt gegen eine weitere Aufblähung der Zuwanderung ausspricht. Aber offenbar hat die Mehrheitsmeinung in unserer „parlamentarischen Demokratie" kein großes Gewicht mehr. Die gewieften Taktiker und Überrumpelungs-Demagogen setzen sich in der Regel durch.

„Ohne ausländische Fachkräfte geht es nicht!"

Noch immer (seit nunmehr über 30 Jahren) haben wir zwei bis drei Millionen offizielle Erwerbslose in Lohn und Brot zu bringen. Etwa weitere acht bis zehn Millionen Schicksale schlummern in der „verdeckten Arbeitslosigkeit" (Erwerbslose ohne Hartz-IV-Anspruch, ABMler, Praktikanten, in wenig aussichtsreiche Umschulungen Abgeschobene, in schulischen Warteschleifen Ausharrende usw. usw.). Also sollte man doch zunächst einmal dieses gigantische, brach liegende Potential nutzen, bevor man Menschen aus dem Ausland anwirbt.

Außerdem gilt: Bei sinkender Einwohnerzahl verringert sich selbstverständlich auch der Arbeitskräftebedarf. Ein Land mit 70 Millionen Einwohnern braucht nun einmal weniger Erwerbstätige als ein Land mit 80 Millionen Einwohnern.

„Aber die meisten Arbeitslosen sind doch nicht zu gebrauchen!"

Mehrere Millionen der arbeitsfähigen Erwachsenen in Deutschland soll nicht den Anforderungen genügen? Wie arrogant und abgehoben ist das denn? Den größten Fachkräftemangel soll es im Hotelgewerbe, der Gastronomie und der Altenpflege geben. Also alles Bereiche, die den Beschäftigten keinen Hochschulabschluss abverlangen.

Neue Zuwanderer sind selten besser qualifiziert als deutsche Erwerbslose, sprechen aber meistens kein bisschen Deutsch (ein erhebliches Manko). Folglich geht es vorrangig um Lohndumping. Es geht darum, geltende Tarife zu unterlaufen und notwendige Tarifanpassungen zu vermeiden.

„Unsere Krankenhäuser sind auf Fachkräfte aus dem Ausland angewiesen!"

Welch dumme, verklärende Aussage. Wenn in Deutschland bereits über ein Drittel der Einwohner einen Migrationshintergrund hat, dann ist es doch klar, dass wir diesen Bevölkerungsteil nicht zusätzlich aus dem Bestand des biodeutschen Personals versorgen können.

Der absichtlich gestreute Denkfehler: Wäre nicht im großen Stil eine Zuwanderung erfolgt, gäbe es auch keinen Extrabedarf an ausländischen Ärzten und Pflegekräften. Abgesehen davon zieht es mehr biodeutsche Ärzte ins Ausland als umgekehrt. Ärzte, deren Ausbildung dem Staat im Schnitt eine Million Euro gekostet hat, verlassen Deutschland, weil sie woanders mehr verdienen bzw. weniger Steuern zahlen müssen. Dieser ewige Verschiebebahnhof ist eigentlich kontraproduktiv (wegen entstehender Sprachbarrieren). Die großen Verlierer sind Schwellenländer mit niedrigerem Lohnniveau, denen ein Teil der teuer ausgebildeten Eliten abhanden kommen (das gilt nicht nur für Ärzte, sondern natürlich auch für Ingenieure, Softwarespezialisten usw.).

Wäre Deutschland nicht ohne Zustimmung seiner Bürger klammheimlich zum Einwanderungsland umgewandelt worden, gäbe es nicht einmal im Gesundheitswesen einen Fachkräftemangel. So zu tun, als seien wir in bestimmten Bereichen auf eine Zuwanderung angewiesen, erweist sich als ungenierte Fortsetzung einer fatalen Lebenslüge.

„Ein einzelner europäischer Staat kann seine Grenzen nicht sichern!"

Brauchen wir zur Grenzsicherung und zum Schutz gegen Massenzuwanderungen tatsächlich die Europäische Union, wie immer wieder argumentiert wird? Was ist das für ein verqueres Denken! Überall in der Welt beweisen unabhängige Nationalstaaten das Gegenteil. Warum soll ein souveränes Deutschland unfähig sein, seine Interessen und Grenzen zu schützen? Welch ein verlogener Mythos wird da schon wieder aufgebaut?

Außerdem lässt sich der Zustrom von Wirtschaftsflüchtlingen auch auf andere Weise eindämmen. Zum Beispiel über die Sozialhilfen. Warum wohl sind die meisten EU-Staaten absolut unattraktiv für Zuwanderer? Warum wollen so viele von ihnen ausgerechnet im angeblich fremdenfeindlichen Land der „ungläubigen Deutschen" leben?

„Die Eigenversorgung muss in Deutschland wieder zum obersten Ziel werden!"

Ja, genau, Aber man darf dies nicht kurzsichtig auf die gerade aktuellen Engpässe bei den Impfstoffen, Atemmasken, Halbleitern usw. beschränken. Auch in den meisten anderen

Bereichen wäre eine Rückbesinnung zur Eigenversorgung durchaus sinnvoll. Man erinnere sich doch bitte an die guten Zeiten des deutschen Wirtschaftswunders, als ausländische Billigimporte und überlange Lieferketten über Zölle noch weitgehend ausgebremst wurden und Deutschland jährliche Reallohnzuwächse von durchschnittlich fünf Prozent erwirtschaften konnte. Seit 1980 geht es dagegen nur noch bergab. Übrigens konnte selbst die kleine DDR unter den erschwerten Bedingungen der Planwirtschaft bis 1989 ihren Konsumbedarf weitgehend eigenständig decken.

Das Gebot der Eigenversorgung betrifft auch den Arbeitsmarkt. Auch hier hat sich erwiesen, dass der Zuwanderungsstrom letztlich kontraproduktiv ist und der vermeintliche Fachkräftemangel künstlich herbeigeführt wurde (quasi nur dem Lohndumping dient).

Der Verzicht auf angemessene Zölle verwandelt die Welt in ein Tollhaus, in ein unfaires, unkontrollierbares Finanzkasino (das nur noch über eine hochriskante Billiggeldschwemme getragen wird). Aus dieser menschenverachtenden Ausbeutungsfalle gibt es nur ein Entkommen: Eine schrittweise Anhebung der Importzölle, vernünftige Grenzkontrollen und eine Renaissance der Eigenversorgung.

Nachtrag: **Ist das deutsche Pro-Kopf-Einkommen seit 1990 tatsächlich um fast 50 % gestiegen?**

So wie wieder einmal im Spiegel vom 25. 6. 2022 behauptet? Was von solchen Schönfärbereien (die den Erfolg des Zollfreihandels belegen sollen) zu halten ist, möchte ich hier noch kurz an einigen Beispielen demonstrieren: **1.** Bruttoeinkommen sind unwichtig, netto zählt. **2.** Dass die Reichen immer reicher wurden, bestreitet niemand. Was aber haben die Niedrig- und Durchschnittsverdiener davon? **3.** Wenn die Zahl der Erwerbstätigen steigt, mehr Überstunden geleistet werden und selbst Rentner auf Nebenjobs angewiesen sind, steigt natürlich auch das Pro-Kopf-Einkommen. **4.** Viele Privatleute investieren, kaufen sich Solardächer oder beteiligen sich an Windkraftanlagen und generieren damit ein zusätzliches Einkommen. **5.** Der Aktienboom bescherte üppige, Einkommen steigernde Dividenden. **6.** Wenn der Staat 200 Milliarden Neuschulden macht und es an sozial Schwache verteilt, erhöht sich ebenfalls das Pro-Kopf-Einkommen. **7.** Wenn sich die Zahl der Akademiker seit 1990 verdoppelt hat, sind Zahlenvergleiche mit 1990 sowieso irreführend. **8.** Wenn die Inflation durch neue Berechnungsarten verniedlicht wird, beschönigt auch das den vermeintlich preisbereinigten Einkommenszuwachs. **9.** Wenn die Einnahmen privater Vermieter stark ansteigen, wird auch damit die Einkommensbilanz gepusht. **Fazit: Entscheidend ist doch, wie sich die realen Nettolöhne der verschiedensten Berufe in den letzten Jahrzehnten bewegt haben. Und da gibt es einen deutlichen Trend nach unten.** Das Pro-Kopf-Einkommen taugt eigentlich nur als Beruhigungspille – es soll vermeintliche Erfolge vorgaukeln. Getreu dem Motto: Alles ist gut, wir sind auf dem richtigen Weg, der Freihandel, die EU und die Globalisierung bescheren uns einen höheren Wohlstand.

Wer ein starkes Europa will, kann nicht gleichzeitig auch die EU wollen!

Denn die EU bedeutet:
- **Statt effizienter Marktwirtschaft** – *teure Subventionspolitik!*
- **Statt Demokratie** – *lähmende Bürokratie!*
- **Statt übersichtlicher Entscheidungsstrukturen** – *ewiges Verhandeln und Taktieren mit den 27 anderen EU-Staaten!*
- **Statt staatlicher Souveränität** – *eine schleichende Entmündigung und Brüsseler Bevormundung!*
- **Statt Völkerfreundschaft** – *zunehmende Missgunst und wachsende Ressentiments!*
- **Statt Frieden** – *Angst vor sozialen Unruhen und Kriegseinsätzen in fremden Erdteilen!*
- **Statt relativer Sicherheit** – *eine extrem hohe Ausländerkriminalität (Schengener Abkommen).*
- **Statt wirtschaftlicher Unabhängigkeit** – *ein absurder, krisenanfälliger Export-Import-Teufelskreis!*
- **Statt überschaubarem, nationalen Bankensystem** – *ein europa- und weltweit verwobenes, unkontrollierbares Spekulations- und Bankennetz!*
- **Statt selbständiger Notenbanken, eigener Währung und eine auf die eigene Volkswirtschaft abgestimmte Zins-, Fiskal- und Wirtschaftspolitik** – *eine unflexible EZB, Schulden- und Transferunion.*
- **Statt staatlicher Eigenverantwortung** – *Vertrauen auf die länderübergreifende Querfinanzierung und Hilfe der anderen!*
- **Statt juristischer Klarheit** – *eine unüberschaubare Bürokratie- und Gesetzesflut!*
- **Statt strenger staatlicher Kontrollmöglichkeiten** – *eine unfaire Einfuhr von ungeprüften Waren! Gibt es z. B. für unsere Landwirte eine Chancengleichheit?*
- **Statt Steuergerechtigkeit** – *ein schwunghafter Betrug mit vorgetäuschten Exporten (Karussellgeschäfte)! Innerhalb der EU wird statistisch ein Exportüberschuss von 200 bis 300 Milliarden Euro ausgewiesen, was theoretisch gar nicht sein kann. Geschätzter Steuerschaden mindestens 40 Milliarden Euro jährlich.*
- **Statt einer fairen innerstaatlichen Ausschreibung öffentlicher Aufträge** – *eine EU-weite Ausschreibungspflicht bei unklaren Haftungs- und Gewährleistungsansprüchen.*

Die inhomogene, bürokratische Subventions- und Transferunion schwächt letztlich alle EU-Staaten!

142

Sollte aus der EU eine echte politische Union werden, entstehen neue Probleme!

Mehr Europa bringt auch mehr Probleme. Eine politische Union (die Vereinigten Staaten von Europa) – das wäre der absolute Supergau!

Denn eine politische Union bedeutet:

- Statt einer Amtssprache – *babylonische Zustände (20 Amtssprachen)! Wie will man überhaupt einen Staat mit 20 Amtssprachen verwalten und regieren?*
- Statt eine auf die Region abgestimmte Wirtschaftspolitik – *eine inflexible europaweite Gleichschaltung! Stark unterschiedliche Wettbewerbsfähigkeit bei gleichen Steuern und Löhnen? Damit wäre das Chaos vorprogrammiert.*
- Statt nationalem Zusammenhalt – *das Gefühl einer Fremdherrschaft.*
- Statt eigener nationaler Anstrengungen – *die beruhigende Gewissheit, von den anderen Ländern aufgefangen zu werden. Der Nord-Süd-Konflikt würde vermutlich eskalieren.*
- Statt atomfreier Zonen – *wird die gesamte EU zur Atommacht. In einer politischen Union wird selbstverständlich auch Deutschland in die Atomwaffenstrategie mit einbezogen. Und auch deutsche Politiker werden über den Einsatz von Atomwaffen entscheiden dürfen oder müssen.*

Außerdem: **Kein fruchtbarer Wettstreit der Nationen!**

Früher konnten die europäischen Staaten von ihren Nachbarn lernen. Was machen die anderen besser, welche Reform hat sich dort bewährt? Ein großer EU-Bundesstaat verliert diesen Vorteil. Echte Reformen lassen sich kaum noch durchsetzen und deren Auswirkungen wären nahezu unkalkulierbar.

Ein Vielvölkerstaat lässt sich in einer Demokratie kaum regieren!

Die eigene Nation wird untergebuttert! Die Franzosen, Briten, Italiener, Polen usw. sollen auf Knopfdruck ihren über Urzeiten gewachsenen Nationalstolz ablegen? Bei jeder Wahl und jeder politischen Entscheidung wird Unmut aufkommen, weil vermeintlich die eigene (alte) Nation wieder einmal zu kurz kommt.

Bei fehlender nationaler Bindung schwindet auch der Gemeinschaftssinn!

Der Aufstieg und Wohlstand der Nationen vollzog sich immer im Einklang mit einem aufrechtem Nationalbewusstsein. Geht die nationale Identität verloren, ist der Niedergang des Staates vorprogrammiert. Aus einer staatsfreundlichen Leistungsbereitschaft entwickelt sich eine staatsfeindliche Nehmer- und Forderungsmentalität.

Auch bei Weltmeisterschaften (sogar beim Fußball) dezimiert sich die Zahl der europäischen Teilnehmer. Die USA dürfen schließlich auch nicht 50 Nationalmannschaften ins Feld schicken.

Ein schwerfälliger, inhomogener, bürokratischer Vielvölkerstaat würde nach Jahrzehnten des Niedergangs wieder auseinanderbrechen.
Ein euphorisches Wunschdenken kann die Realität nicht ersetzen. Der unnatürliche und von der Mehrheit der Bevölkerung ungeliebte Koloss wird früher oder später wieder in seine alten Bestandteile zerfallen (nachdem alles heruntergewirtschaftet wurde).

PS: Am 7. Dezember 2017, noch vor den Sondierungsgesprächen mit der Union, forderte Martin Schulz, damaliger Parteichef der SPD, bis zum Jahre 2025 die „Vereinigten Staaten von Europa" umzusetzen. Ein Mitgliedsland, das diesen Wandel nicht mittrage, möge doch bitte aus der EU austreten, meinte Schulz.

„Wir beschließen etwas, stellen das dann in den Raum und warten einige Zeit ab, was passiert. Wenn es dann kein großes Geschrei gibt und keine Aufstände, weil die meisten gar nicht begreifen, was da beschlossen wurde, dann machen wir weiter – Schritt für Schritt, bis es kein Zurück mehr gibt."
Jean-Claude Juncker, Präsident der Europäischen Kommission von 2014 bis 2019